金澤周作
Shusaku Kanazawa

チャリティの帝国

——もうひとつのイギリス近現代史

岩波新書
1880

はじめに――日本から見たイギリスのチャリティ

「イギリス」が喚起するさまざまなイメージ

困っている人に対して何かしたい。困っている時に何かをしてもらえたら嬉しい。自分の事ではなくとも困っている人が助けられている光景には心が和む――。この三つの気持ちに何ら思い当たる節のない人もいるのかもしれないが、まずほとんどの人は、いろいろ留保をつけるとしても、大筋では同意してくれるのではないだろうか。本書は、この三つの気持ちを軸にして描くイギリス近現代史の試みである。

ただ、その「気持ち」の中身とあらわれ方はいずれも、必ずしも私たちのそれと同じではない。次の一覧を読んでどう感じるだろう。自然に共感できるだろうか、異様に思うだろうか。

キリストの福音を知らない哀れなスラム住民にキリスト教を布教する組織、孤児を船乗りに訓練し「マンパワー」に仕立てる養育院、娼婦を「更生」させる収容施設、物乞い「撲滅」を目指す施し団体、アフリカの住民を「文明化」する協会、表沙汰にできず捨て子にされた赤ん坊を養育する施設、余った貧しい大人や子どもを海外に移民させる組織、あるいは、孤児や老人を皆で「選挙」して当選者だけを救済する方式、救済資金を得るために宝くじを売るやり方、など。これらはすべてイギリス近現代史に登場する。そのことが持つ意味は何だろうか。

ところで、イギリスと聞いて何を浮かべるだろう。一七世紀半ば以降の主要な戦争にほぼすべて勝利し、一九世紀には世界の最先端・最強・最富裕国であり、今もG7の一角を占め、国連常任理事国で、核兵器を保有する軍事大国であるわけだから、自分の生きている世界についてものを考えるほどの人であれば、何かを連想できないはずはない。二一世紀初頭の大問題としてはもちろん、ブレグジットをめぐる迷走とEUとの難しい関係が想起されるだろう。二〇二〇年一月の正式離脱直前まで続いたこのドタバタのせいですっかり株を下げてしまった感のある、少なくとも一七世紀末——日本で言えば元禄時代——にまでさかのぼることのできる不文憲法と二大政党制に基づく成熟した議会主権の伝統をイメージする人もまだ多いだろう。

また、シェイクスピアやディケンズ、コナン・ドイルやJ・R・R・トールキン、ジョージ・オーウェルやC・S・ルイス、J・K・ローリングなど、その作品群が読み継がれるだけでなく、世界中のクリエイターたちにインスピレーションを与え、無限に翻案され続けている英文学。そして、英文学をつづる言語であり、イギリスの俳優や歌手や政治家や知識人に、アメリカ人とは違う、いわく言い難いオーラを付与している英語。

話している英語の種類でその人のお里が知れると言われるほどの、根強い階級社会。その階級社会のエリート層を産み出すパブリックスクールや、オックスフォード、ケンブリッジといった大学。他方で労働者階級独自の文化。この国が発祥の地であるサッカーやラグビー、ゴルフやボクシング、バドミントンやテニス、なじみはないが世界的に人気のクリケットなどのスポーツ。かたや先端を行くポピュラー音楽やファッションの都市的文化と、かたや時が止まったかのようななだらかな田園風景や牧歌的な村、スコットランド高地の荒涼たる風景、美しい庭園。医療費基本無料、「ゆりかごから墓場まで」の福祉国家。

イギリスの伝説や歴史に関心のある人にとっては、アーサー王やロビン・フッド、ヘンリ八世やエリザベス女王(一六世紀の一世も現代の二世も)、ウィンストン・チャーチルのようなドラマチックな人物や、世界最初の産業革命と未曽有の経済成長、強力な金融街シティ、最強の海軍と商船団によって七つの海を支配した空前の「大」英帝国など、世界史的な事項を思い浮かべるだろう。とくに、イギリスが一七世紀頃から形成した帝国の痕跡は、英連邦《コモンウェルス》をはじめ、今の世界に深く刻まれているので、印象が強いのではないか。

アメリカ合衆国、カナダ、オーストラリア、ニュージーランド、香港、シンガポール、インド、南アフリカで英語が公用語(のひとつ)になっていること、ダージリンやアッサムなどイギリスの代表的な紅茶の銘柄にイギリス外の地名が付されていること、首都ロンドンには(東京に比べて)非常に多くのエスニック集団が居住していること、大英博物館には膨大な量の世界中の貴重な文化遺産が収蔵されていること、イギリスの中東政策の惨憺たる結果としてのイスラエルとアラブのパレスチナ問題。

チャリティの不在と本書のねらい

右の簡単な列挙項目を組み合わせれば、それなりに実態を反映したイギリス像が立ち上がってくるのは確かである。しかも、どれも比較的よく知られているし、もし知らないという場合にも、参照できる有益な日本語の書籍やネット情報には事欠かない。ところが、これらに比べるとあまり知られていない特徴が、イギリスとその歴史にはある。慈善、すなわち国や地方自治体ではなく民間で、通常の経済活動とは異なり非営利的に行われる、さまざまな「弱者」を救済する活動が、きわめて活発で、自然なものとして社会に深く根付いているのである。

定評のあるオンライン版『オックスフォード国民伝記辞典』で検索すると、収録総数六万人あまりのうち、おおよそ一〇%の項目には「チャリティ」や「博愛(フィランスロピー)」という語が出てくる。属性として「慈善家(ベネファクター)」や「博愛主義者・慈善家(フィランスロピスト)」や「チャリティ活動家」と記載される人も七〇〇人ほど収録されている。

近現代イギリスにおける「フィランスロピー」の概念史を概観した二〇二〇年のある著作は、「フィランスロピーはしばしばナショナル・アイデンティティの表明にして具現であるとみなされた」、「イギリス人は自らを世界で最も博愛的な国民だと考えた」と記している。実際、一八一〇年にロンドンに拠点を置くチャリティ団体の便覧を編纂したアンドルー・ハイモアは、「チャリティは国民的美風」で、イギリス人が「ヨーロッパ諸国民のなかで一番」同情心にあついと述べた。一八六四年の『タイムズ』紙の社説は、イギリス人が「いつも《寄付をしている》」ことを指して、「それは私たち国民と人種の特徴のひとつ」だと書いた。

フランスやオランダの観察者も、イギリスでのチャリティの活況にたびたび驚きを示した。日本社会事業の父と称せられる生江孝之も『欧米視察——細民と救済』（一九一二年）の中で、「公費救助額の多きのみならず、私営救済事業亦《また》旺盛にして、其の種類の多きは勿論、之れに要する経費も頗《すこぶ》る多額に上り、倫敦《ロンドン》に於ける救済事業の如き、其の数三千、之れに要する経費、少なくも一億萬円に達して居る」と驚嘆している。

日本語では慈善や博愛と訳されることの多いこの行為を、本書では「チャリティ」というカタカナ語で表記する。チャリティは、冒頭に挙げた三つの気持ちの結節点である。私は誰かを助けたい、私は誰かに助けてもらえたら嬉しい、誰かが誰かに救われる社会は善い——。チャリティとその根底にひそむ三つの気持ちは、右のイギリス的な諸要素とも密接に関わっている。むしろ、チャリティの歴史を加味せずにイギリスを理解することは、たとえば議会や帝国の過去を無視してイギリスを理解しようとするのと同じくらい、無謀なことである。

明治時代以来、日本にとってイギリスは手本として学ぶべき「近代」や「文明」や「大国」の表象であり続けてきた。だからこそ、膨大な量の情報が集められ、多方面から検討され、より近代的で豊かで強い日本になってゆく上で必要な知識やノウハウが採用されてきた。私たちが今、イギリスについて右に挙げたようなさまざまなイメージを持っているのはそのためである。翻って、このイメージの中にチャリティが含まれていないとすれば、それは、チャリティが多くの日本人にとって関心をひく事象ではなかったからである。近代、文明、大国を実現するためのレシピには含まれると思われなかったのだ。

そこで本書は、チャリティという現象を軸にしてイギリス近現代史を描いてみることによって、新しいイギリス像を提供するとともに、日本に生きる私たちがチャリティ的なるものとの向き合い方を考え直すきっかけともしたい。その際、ただイギリス近現代史を見つめるのではなく、右の三つの気持ちが合流する現象を世界史的に捉え、そこに西洋のチャリティ的なるものの諸実践の流れを位置付けて、その中でイギリス近現代におけるチャリティを解説しよう。

断っておくと、イギリスはチャリティが盛んだからいい国だ、といった単純でナイーブな主張をしたいわけでも、その逆を張って、チャリティに頼るなど時代錯誤の偽善だと批判したいわけでもない。その独特さを観たいのだ。今のイギリスを過去に投影して首尾一貫性を論証したいのでもない。歴史的に捉える「イギリス」の輪郭はもっと起伏に富み、孔がある。

こうした態度で見据える先には、イギリスを独特と見てしまう私たちの独特さも視野に入ってくる。そのさらに先に、長い歴史を踏まえた反省に立って、目前の問題に対する処方箋を模索することができるだろう。

現代の日英チャリティ比較

長らく、日本人はイギリスのチャリティに関心を払ってこなかった。イギリスのチャリティが小規模ゆえに気付けなかったのではなく、逆に、少なくとも明治以降、日本におけるチャリティ的なるものの役割が小さかったために、これが重要な社会制度であると認識できなかったからである(同調圧力や権力によって促される滅私奉公や各種の「奉仕」と、近現代イギリスに観察されるチャリティは似て非なるものである)。

イギリスには一九一九年に設立されたボランティア組織全国協議会(NCVO)がある。そこが毎年『UK市民社会年鑑』を出しており、二〇一八年版には、二〇一五/一六年の連合王国(UK:イングランド&ウェールズ、スコットランド、北アイルランド)におけるチャリティ団体の収入内訳が詳述されている。ちなみに、この年鑑において「チャリティ団体」であるための要件は、組織性、独立性、非営利性、自治性、自発性、公益性である。

イングランド&ウェールズでは、一八五三年から国の常設機関として続いているチャリティ委員会、スコットランドではボランティア組織スコットランド評議会(SCVO)、北アイルランドではボランティア活動北アイルランド評議会(NICVA)が情報を持っており、それらに基づくとUK全体で一六万六〇〇一のチャリティ団体がある。日本のNPO団体は五万強である。さて、この一六万団体に対して、当該年度に個人からの寄付収入は一一八億ポンド、チャリティの一環としてなされる財やサービスの提供、資金集めのための物販やサービスの提供で得られる収益を加えると二二二億ポンドになる。一ポンド＝一五〇円で計算すると、前者は一兆七七〇〇億円、後者は三兆三三〇〇億円である。

これとは別に私企業からの寄付は一〇億ポンド(一五〇〇億円)、政府やEU、国際機関や財団からの助成金収入が約七〇億ポンド(一兆五〇〇億円)あった。すべての寄付と収益を合計すると、四七八億ポンド弱に達し、そのうち四〇〇億ポンド近く(約六兆円)がチャリティ目的で支出されている。

一方、日本ファンドレイジング協会が発行している『寄付白書二〇一七』によれば、日本における二〇一六年の個人寄付は七七五六億円で、二〇一五年の法人寄付は七九〇九億円であった。個人寄付だけを比べると、名目GDP比でイギリスは四倍である。この日本の数値は、「ボランティア元年」を画した一九九五年の阪神淡路大震災、そして二〇一一年の東日本大震災を経てボランティアへの理解が格段に増した後のものであることに注意しなければならない。

なお、UK人口は二〇一九年現在で六七〇〇万人程度だが、日本は一億二六〇〇万人、二〇一七年の名目GDPはUKが二兆六五〇〇億ドルに対し、日本は四兆八七〇〇億ドルである。

もう一つ例を挙げよう。笑いで援助を《コミック・リリーフ》という国内外の弱者救済を進めるチャリティ団体が二年に一度三月に行うテレビ募金イベント、「〔ピエロがつける〕赤鼻の日《レッド・ノーズ・デイ》」は、ちょうど日本テレビの二十四時間テレビに相当するものといってよい。二〇一七年の二十四時間テレビでは七億円の寄付があったのに対して、同年の「赤鼻の日」に集まった寄付額は七六〇〇万ポンド（一一四億円）であった。

こうした日英の差はここ数年の現象ではない。イギリスでは一八世紀頃から一貫してチャリティが盛んだという自己認識を持ってきた。日英で顕著なコントラストをなしているとみてよい。だからこそ、時事評論的に「今」で比較するだけでなく、歴史に尋ねなければならない。

チャリティ団体のブランド力

とはいえ、金額や数で比較するだけではイメージが摑みにくいだろう。そこで、次のように問うてみたい。日本のボランティア団体を五つ挙げられますか、と。歴史ある団体や熱心な活動はそこここに見られるにもかかわらず、これに答えられる人はとても少ないと思う。しかし、イギリスには、全国的に著名な団体がいくらも存在する。

イギリスの経営コンサルタント会社サヴァンタが二〇一九年に、『二〇一八年版 価値あるチャリティ・ブランド百選』をオンラインで発表した。さまざまな指標を駆使して、知名度や資金力を兼ね備えた団体をランキングしている。いくつかピックアップしてみると、一位にがん研究UK(二〇〇二年)、二位にイギリス心臓財団(一九六一年)、三位に救世軍(一八六五年)、五位にライフボート協会(一八二四年)、七位にオックスファム(一九四二年)、九位に動物虐待防止協会(一八二四年)、一一位に子ども虐待防止協会(一八八九年)、一二位にナショナル・トラスト(一八九五年)、一三位にセーブ・ザ・チルドレン(一九一九年)である。これらの団体のロゴやコマーシャルやチャリティ・ショップ、募金活動や実践を知らない人はいない。

二〇一五/一六年におけるイングランド&ウェールズの十大チャリティでみると、がん研究UKは第二位で六億三一〇〇万ポンド(九四六億円)の収入があった。ナショナル・トラストは三位で五億二三〇〇万ポンド(七八四億円)、セーブ・ザ・チルドレンは六位で三億九三八〇万ポンド(五九〇億円)である。これらを頂点とし、数的には半数以上を占める年収一万ポンド(一五〇万円)以下の小規模組織を広く裾野に持つチャリティ界のピラミッドができている。

巨額の個人チャリティ

個人の巨額寄付もよく知られている。『サンデー・タイムズ』紙には毎年恒例の、イギリスの資産家トップ千人を、資産、業種、経歴などとともに列挙する企画がある。その『長者番付《リッチ・リスト》二〇一九年』（二〇一九年五月十二日号付録）掲載の「寄付番付」（資産に対する寄付額の比率で算出）によると、第一位のジョナサン・ラッファー（投資会社経営）は、長者番付七八六位（歌手アデルの一つ上）で資産一億五一〇〇万ポンド。彼は過去一年の間に現有資産の二倍以上にあたる三億一七五〇万ポンドを、「コミュニティ、アート、社会、文化遺産」関連に寄付した。

　一八六九年創業のスーパーマーケット・チェーンで知られるセインズベリー一族は、資産五億三四〇〇万ポンド（二五八位）で、この一年で寄付番付三位、一億六六八〇万ポンドを「教育、アート、人道」目的に寄付した。七八歳の現当主（二〇一九年現在）は、イギリス史上初めて一〇億ポンド以上をチャリティに寄付した人物とされる。

　歌手のエルトン・ジョン（三九九位）は寄付番付の常連で、この一年で二七一〇万ポンドを「ＨＩＶ／エイズ、医療、人道」関連に投じた（一二位）。『ハリー・ポッター』の作者Ｊ・Ｋ・ローリング（一九一位）もチャリティに熱心で、一年で三九〇〇万ポンドを「子ども、女性、ひとり親、海外」の支援に充てた（二〇位）。

　言うまでもなく、ふつうの市民たちによる、膨大な数の少額の寄付やささやかなボランティア活動の裾野が広がっているのであって、超富裕層だけがチャリティをしているわけではない。

チャリティの帝国を描く

どうやら、イギリスは思っていた世界とずいぶん異なる様相を呈しているらしいことが見えてきた。ではなぜ、イギリスの人々は国内のみならず世界中の諸問題に対して自発的に取り組み、莫大な金と多くの労力と時間を捧げてきたのか。なぜイギリスはチャリティが当たり前の社会であるのか、そして、イギリスの近現代史にとってチャリティが当たり前であることにはどういう意味があったのか。本書では近現代イギリスを「チャリティの帝国」として描く。世界ににらみをきかせ、政治的、経済的、軍事的、文化的に圧倒的な影響を及ぼした「大」英帝国史には出てこない、もうひとつの帝国の歴史を振り返りながら考えてゆこう。

＊近現代における貨幣単位は以下のとおりである。

一ポンド＝二〇シリング＝二四〇ペンス（一九七一年まで）

一ポンド＝一〇〇ペンス（一九七一年以降）

目　次

目　次

ブリテン諸島地図
本書に登場する都市.

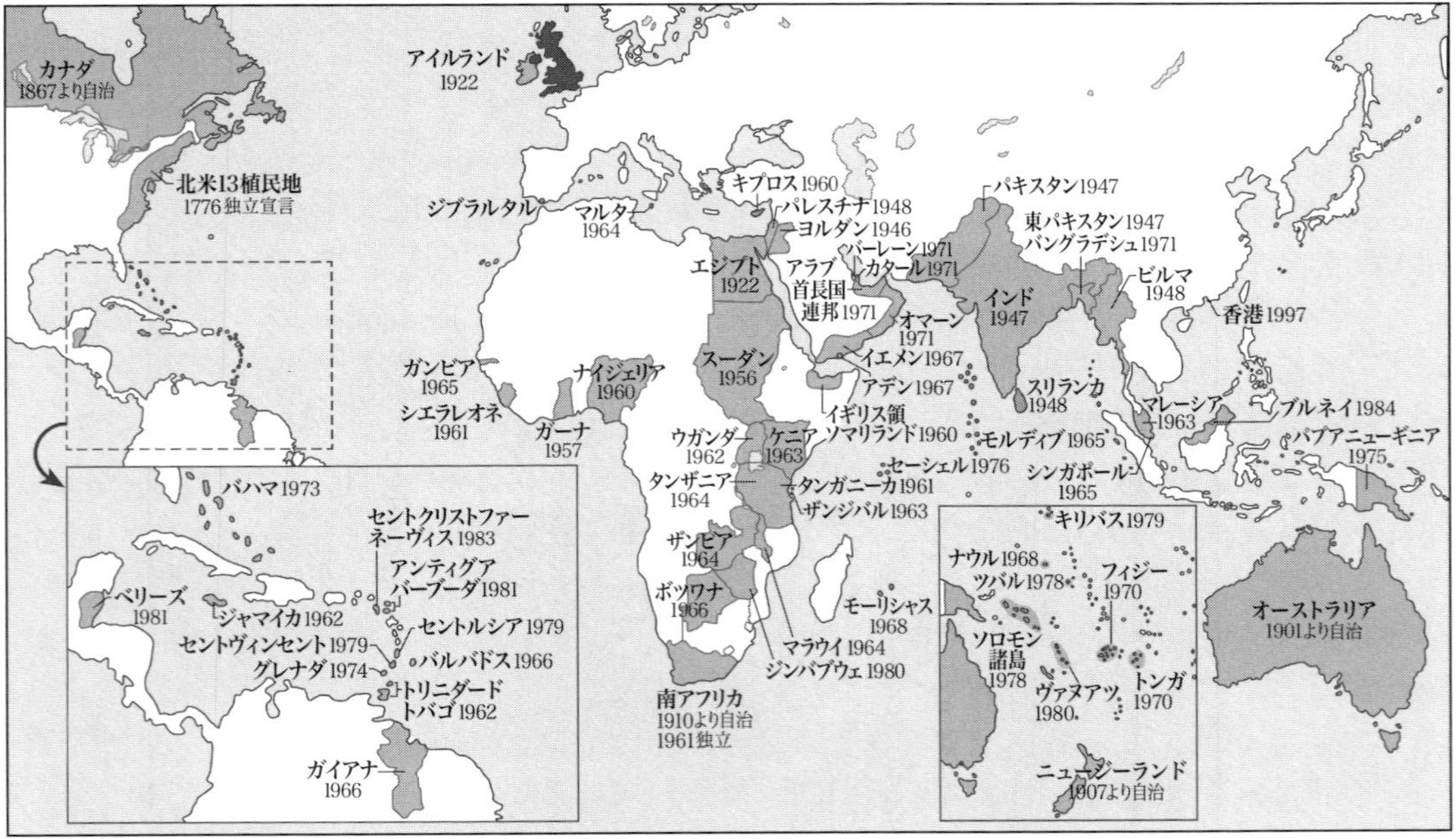

イギリス帝国の範囲と各地の独立時期

中国租界は反映させていない．また，南米アルゼンチンの南東沖に浮かぶ英領フォークランド諸島は，左下の拡大図の下にかくれている

「10 ポンド」の価値の目安　1300–2000 年

年	馬（頭）	牛（頭）	羊毛（ストーン）	小麦（クウォーター）	熟練職人の賃金（日）	2017 年の貨幣価値（ポンド）
1300	11	22	43	38	1000	7090.3
1350	14	27	71	27	500	5872.37
1400	7	17	55	32	500	6127.74
1450	13	25	71	27	333	6244.05
1500	7	26	90	25	333	6659.57
1550	2	8	31	10	333	2746.99
1600	1	5	29	5	200	1378.77
1650	1	1	12	2	142	1035.17
1700	1	2	16	5	111	1069.83
1750	1	2	21	6	100	1166.69
1800	0	2	11	1	66	440.73
1850	0	1	15	4	50	801.86
1900	0	1	18	7	30	781.72
1950	0	0	2	1	7	312.09
2000	0	0	1	0	0	15.34

＊ストーン：14 重量ポンド(6.35 キログラム)
＊クウォーター：8 ブッシェル(290 リットル強)

第一章　世界史における他者救済——イギリスの個性を問い直す

一　文明と他者救済

チャリティ的なるものの歴史上のヴァリエーション——ポトラッチ、仏教

チャリティという言葉にはどうしても西洋のキリスト教的な価値観が含まれてしまうが、誰かを助けたい気持ち、助けてもらえたときに感じる喜びの念、救い救われる光景に心温まる思い、という三要素は、ヨーロッパに起源したわけでもそこが本場であったわけでもない。そこで、やや間口を広げるために、チャリティではなく「チャリティ的なるもの」を、現在の地点から振り返って、人が他人の窮状の緩和に手を差し伸べているように見える行為とその背後にある動機、という観点から、もっとも広い範囲に網をかけ、そこから順次、絞っていこう。

たとえば、北米ネイティヴ・アメリカンのクワーキウーツル族の儀礼ポトラッチ。宴席で首長は、招いた客人たちに盛大な贈物をし、さらに、膨大な余剰を海に投じたり、火にくべたり

朽ちさせたりして敢えて蕩尽してみせた。客人は今度は宴の主催者となり同種の大盤振る舞いを再演し、この義務的贈答関係が名誉にかけて延々繰り返される。主催者は一族の始祖の生まれ変わりで、生命の与え手である強力な精霊に扮して、大量の物資を手放し人に与え、無に帰する(大地に返す)ことで、世界の「口」に食べさせて生命を再生させるのである。人間と自然を区別しない世界観の下で行われたチャリティ的なるものといってよいだろう。

自と他を区別しない世界観を擁する仏教の信仰圏でもチャリティ的なるものはある。大乗仏教は、すべては「空」で自己もなく所有もないとの認識の上に社会倫理を構築した。自分と他人の間に区別なしという認識から、他人のためにはたらくことが推奨される。小乗仏教でも重視される心的な状態は、この世の生あるものの安寧を願う「慈」と、この世の煩悩やしがらみからの「出離」である。それゆえ、大乗・小乗ともに、波羅蜜(悟りへの道)の第一は布施(ダーナ)になり、良い時に悔いなく進んで見返りを期待せずに与えるのをよしとした。

日本でも古来、仏教僧侶による飢饉時の施行《せぎょう》や各種の勧進行為は数多く記録されている。与え手も受け手も施与物も、すべては「ない」と捉えるところが仏教的で、以下で概観する一神教におけるチャリティ的なるものの見方と対照的である。

ユダヤ教、イスラーム

ユダヤ教、キリスト教、イスラームの信徒は、ネイティヴ・アメリカンと違って人間と自然を分けて把握し、仏教信徒とは異なり、自と他を区別する世界観の下に生きている。ユダヤ教は唯一絶対の神を信仰し、宗教的な義務として、神の「義」(正しさ)を表すために施しをする。これをツェダカー(「正義・義」の意)という。一二世紀末にマイモニデスによって定められた「慈善の八段階」によれば、最高の慈善は同胞を助けて自立を促すことで、次に与え手と受け手が互いに分からない状態での施し、その下に、誰が与え手か受け手に分からないような状態での施し、誰が受け手か与え手に分からない状態での施し、乞われる前に行う施し、乞われてから行う施し、親切な態度ではあるが必要に足りない程度の施しときて、最後に渋面を作ってなす施しが最低だとされた。

ここから浮かび上がるのは、ユダヤ人同胞に対して特に向けられる同情や寛容の重視、そして対症療法ではなく予防的になされる救貧の重視である。とりわけ中世以降のヨーロッパで生きたユダヤ人たちはキリスト教のホスト社会にマークされないよう、共同体内の弱者を自分たちの手で救済する必要があった。

同じく唯一神を信仰するイスラームでは、信者のなすべき「五行」として、信仰告白、礼拝、断食、巡礼と並んで「喜捨」が数えられており、隔絶した存在である神に少しでも近づくために、公共目的での自発的な施しが推奨された。聖典クルアーンによる「喜捨」には、義務的な一種の税、人間の財産に対する神の権利としてのザカートと、自発的に差し出すサダカがあり、これらが貧者や困窮者、新たな改宗者、奴隷(身請けするため)、債務者(負債を肩代わりするため)、兵士や布教者、旅人に救いの手を差し伸べた。

他方で、クルアーンに規定のないワクフ(信託、財団)がある。これは「永続するサダカ」とも呼ばれ、その基金によって、モスク、橋、井戸、地下水路《カナート》、病院、薬局、図書館、天文台、救貧院、マドラサ、融資機関などが創設され、半永久的に維持運営されるものとされた。支配者の交替にも左右されず、地域のインフラとして大きな役割を果たしてきた。

キリスト教的チャリティも、大きなカテゴリーとしては一神教のそれに含まれるが、イギリスを構成要素のひとつとするヨーロッパにおいて、チャリティ的なるものはキリスト教だけによって構築されてきたわけではない。キリスト教化以前の伝統も踏まえて初めて、ヨーロッパあるいはイギリスの実践の個性を捉えられる。以下では、ヨーロッパに注目し、古代ギリシアの時代から幾層も積み重なったチャリティ的なるものの思想・実践を観察してみたい。

フィラントロピアと美徳

二　自己愛から貧者への愛へ

古代においては、「貧者に与える」ではなく「善き者に与える」ことが重要であった。どういう意味だろうか。古代ギリシア・ローマの人々はチャリティ的なるものを心の中に有していなかったのだろうか。答えはイエスでありノーである。

小さな都市国家(ポリス)の政治主体であった古代ギリシアの市民(成人男性)は、「フィラントロピア」という言葉を持っていた。現代英語でチャリティの類義語として用いられる「フィランスロピー(博愛)」の語源である。しかし、意味合いは異なっていた。紀元前四世紀アテナイの哲学者アリストテレスは、友愛を善き人生の基礎と捉え、フィラントロピアに同胞を愛する性格といった意味を付与して高く評価する。ポイントは「友愛」および「友人」(「善き者」)であった。やがてフィラントロピアは、関係を構築する手段としての贈物の提供、具体的にはポリスへの食糧供給や財団の創設、各種建造物の提供や困っている人への援助なども指すようになったが、この軸は変わらなかった。

つまり、フィラントロピアは同類の者、同じ市民間でしか成立しない。先に挙げたポリスへの食糧供給や財団創設は、たしかにポリス内の比較的貧しい者たちに益する行為であるが、恩恵を受けた市民たちが集団として、供給者に対して顕彰碑文を建立するなどして「名誉」を付与する点で市民間の関係が維持されるのだ(奴隷や非市民からの「名誉」は、「名誉」に値しない)。食糧を供給したり建造物を寄贈したりする人を公的善行者《エウエルゲテス》と呼ぶが、彼らはポリスからの「称賛」を期待してこのようなことを行う。

名誉にせよ称賛にせよ、通常私たちが想像する助けてもらった人からの「感謝」とはニュアンスが違う。称賛目当てで何かを与えるなど、品性卑しい行為のように見えるかもしれないが、当時の価値観からすればそうではない。名誉心は、厭うべき虚栄心とは厳密に区別されていた。再びアリストテレスを引くならば、人格者とは、最も好ましい人生を生き、最も褒むべき行為を行うことで幸福を得る人である。最も褒むべき行為とは美しい行為であり、それは、気前よく友人に対してなされる親切な行い、もっといえば（市民たちの共同体である）公共のための恩恵である。ここには、利他的な人間愛や、友人に含まれない弱者や貧者への無償の憐みの入り込む余地はない。アリストテレスは明言している。「善い人は自愛者でなければならない」。

現代人には異様に見えるが、ポリスを構成する同じ市民たちからの称賛・名誉を目当てにして彼ら向けの「善行」に勤しむエゴイストが、この世界では美徳の持ち主、人格者だった。

エヴェルジェティスムの建前

このような古代世界独特の自己本位の、同じ市民へ向けた施し行為のことをエヴェルジェティスム（恵与志向――右記の「公的善行者《エウエルゲテス》」から派生）という。エヴェルジェティスムは、共和政期ローマにおける基本的な人間関係であった「保護者－被保護者」の間にも、建前として機能した。保護者による恩恵は、被保護者からの政治的支持という形で見返りを得るものと目され、そのような互酬性に下支えされていた。

さらに時代が下って帝政期には保護‐被保護のピラミッドの頂点に皇帝が君臨するが、「パンと競技場」――ローマ民衆への食事と見世物の提供――に象徴されるように、皇帝は一方的に恩恵を施したのではなく、民衆による支持を見返りとして期待し、民衆は支持の見返りとして諸々の恩恵を受けた。また、ローマの元老院議員や帝国各地の有力市民たちは、競技会の開催や建造物の寄贈など、名誉と称賛を得られる都市への恩恵付与、公共的奉仕を続けた。それどころか、これらは半ば義務のように考えられたがゆえに、都市行政に組み込まれる部分もあり、有力市民たちが過重な負担にあえぐ例も生じた。

エヴェルジェティスムの射程に、貧者や奴隷は含まれない。飢えた人、老人、病人、虚弱な嬰児など、私たちならば、救済の対象だと真っ先に考えるような存在をあっさり見捨てるのが、生産性の低い世界でポリス間での過酷な生存闘争を繰り広げていた古代ギリシア、周辺領域を併呑して広大な版図を築きその維持に腐心していた古代ローマの価値観だったのだ。

キリスト教の台頭と「貧者」

右のような、成人男性を中心とする市民基盤の社会モデルは、ローマ帝政後期に危機に見舞われる。安定的な支配は動揺を見せ始め、中央と地方の諸権力、諸勢力の興亡が、社会不安を生じさせた。これまで都市のインフラを提供し、実質的な救貧を担ってきた有力市民にも余力がなくなってくる。そのタイミングで勢力を伸ばしたのが、一世紀に誕生したキリスト教であった。

四世紀半ば以降、各地のキリスト教の司教が当局から諸特権を得ることと引き換えに、「貧者のケア」を引き受けるようになった。これまで長らく無視され、共同体の最富裕者によるエヴェルジェティスムによって間接的に受益してきた人々は、最富裕者たちの退場と入れ替わりにやってきたキリスト教会によって社会集団として把握され、新たに意味を付与された。貧者は、人格者のエゴイズムを満たすことのできない無価値な恥を伴う存在から、教会を介して集団として支配者に(ケアを求めて)請願する者へと、司法的含意を帯びるようになった。

さらに、キリスト教が強調していた「神の前では皆等しい(等しく貧しい)」という発想は、ケアの提供者(教会の主軸をなす中間層)に、貧者を我が身に置き換えてイメージする心的態度を促した。三世紀のカルタゴ司教キュプリアヌスは説教の中で、どうしてあなたは富に気を奪われているのか、なぜ結局罰になるというのに財産の重荷を地上に積み上げているのか、と問いかけている。そして、「この世で豊かになればなるほど、神の前では貧しい者となる」のだから、あなたの収入を「神と分け合い」、「キリストと共に分かち合い」なさいと説く。施与する者とそれを受ける貧者とが、神の前において、同じ者とされたのである。

このようにして、施しの授受がなされる「同胞」のニュアンスが下方移動した。「エヴェルジェティスムのキリスト教化」である。チャリティ的なるものの提供者は、古典古代型の「都市を愛する者」から、キリスト教的な「貧者を愛する者」へと変容を遂げた。

古代世界におけるチャリティ的なるもの

変容が生じる以前のチャリティ的なるものの最大公約数的なあらわれを、本書のライトモチーフとなる三つの気持ちに沿って変奏しておこう。㈠**困っている人に対して何かしたい――**。ただし自分の美徳を発揮するために、友人・同胞市民・都市に対してそうしたい。㈡**困っている時に何かをしてもらえたら嬉しい――**。ただしその嬉しさは称賛と名誉付与によって表現する。㈢**自分の事ではなくとも困っている人が助けられている光景には心が和む――**。ただしそう感じるのは自分の属する都市の場合にほぼ限定される。

やがて、従来的なチャリティ的なるものとは一八〇度発想の異なるものがでてきた。次に中世ヨーロッパにおけるその新しいチャリティ的なるものの特徴を概観していきたい。

三　キリスト教と慈善

一神教とチャリティ的なるものの要請

一世紀に誕生したキリスト教は、先行するユダヤ教と後続のイスラームと根を同じくする宗教である。いずれも一神教で聖典を重視し、他者に対して気前よくあるべきことを命じてもいる。ユダヤ教ではツェダカー、キリスト教ではチャリティ、イスラームではサダカとして表現される徳目である。キリスト教のチャリティは、前節で素描した、救済に関する自己本位的な価値観が浸透する世界にあっては、きわめて異質な思想であり実践であった。しかし、それが中世において支配的な地位を占めるに至った。

中世初期の新展開

ニュッサ司教グレゴリオスは、四世紀の混乱ぶりを鮮やかに描写している。「沢山の彷徨者が私どもそれぞれの門前にいる」。こうした「寄留者や移民」にとって、「家とは野外の空気、宿とは回廊であって、街路、広場の中の一層人気のない場所」であり、「衣服とは全面穴だらけのボロ切れ」であり、「その作物は憐れむ者たちの親切」である。「地面がベッド」、「川や池が風呂」なのであった。

このように、大勢の貧者がそこここに見られる状況下で、「貧者のケア」の引き受けを足掛かりにして、不可欠の社会制度として根を下ろしてきたキリスト教は、徐々に司教のみならず修道院を介して、救貧を担っていくようになった。

なお、四世紀末に西ローマ帝国と分裂して形成されてきたビザンツ帝国は、やや異なる歴史を歩むことになる。五世紀以来六世紀にかけて、ビザンツ帝国では各都市の主教がクセノドキオン(外来者収容施設)、プトーコトロフィオン(救貧院)、ノソコミオン(病院)、クセノン(病院)を創設、管理した。七世紀以降は、名誉を欲する有産市民層が主たる慈善施設の設立者として再び前面にあらわれたが、最大の支援者は皇帝で、慈善という再分配機構を巧みに管理した。ビザンツ帝国はもちろん(正教の)キリスト教国であるが、チャリティ的なるものに着目した場合、西欧世界と比して古代の市民的フィラントロピアの伝統がより強固に維持されていたとみることもできるだろう。

西欧に話を戻すと、五世紀に活躍した中世最大の教父と称されるヒッポ司教のアウグスティヌスは、チャリティに対する新しい態度をはっきりと書き残している。『神の国』において彼は、最高の善を永遠の生、最大の悪を永遠の死、とするキリスト教的な観点から、アリストテレスら古代の哲学者が善悪を現世的にしか捉えず、最高善をもっぱら「美徳」に見出す態度を、

図1　フォントネー修道院
12世紀初頭に創建されたシトー会の代表的な修道院.

「おどろくべき虚しさ」だと厳しく批判している。古代の識者はおしなべて、特定の対象すなわち友人、市民、同格者、「善き者」への援助こそが美徳であるとみなしたが、アウグスティヌスにおいて美徳は神と結びつく。「神は、誰に与えたかということでなく、どのような心で与えたかということに注意される」ので、必然的に、救済の対象は特定の誰かではなく、等しく神の被造物である「万人」に広がるのである。いわゆる「隣人愛」の教えである。ただし、この隣人にはユダヤ人やムスリムは含まれなかった。限界にも注意しておこう。

中世に叢生した修道院は、五、六世紀は司教の統制下で都市を中心に建設されていたが、七世紀以降、司教支配の及びにくい地に場を移し、そこで修道士たちが厳格なスケジュールに従って祈りと勤労の共同生活を送った。勤労の中には、聖なる知識を伝えるための学問のほかに、貧者や巡礼者、病人などへの奉仕も含まれていた。六世紀に聖ベネディクトゥスがモンテ・カッシーノ修道院を建て、ベネディクト戒律を定めたが、これに従う各地の修道院には、やがて、地域の富裕者が信仰の証として、あるいは死後の霊的な救済を求めて、不動産などの財をさかんに寄進するようになった。その財の一部が、修道院を介して貧者に施された。

とはいえ、十全な救済が出来ていたわけではなく、象徴的なレベルにとどまっていたとされる。貧者が適切に救われている社会をよしとする「社会の美意識」の表明という意味合いが強かったのだ。そもそも、中世の時代を通じ、貧困の根絶は目指されていなかった。この世の悲惨には神の意志が働いているのであるから、人間がすべきことはその根絶ではなく、神によって提供された状況に対して、人々がキリスト教徒としてしかるべく隣人愛を実施するかどうか、地上の富を手放して天に富を積む行為をなしえるかどうかが重要であった。

キリスト教的チャリティの完成

経済が好調に転じ成長局面に入った一一世紀頃から一三世紀にかけて、救貧を行う主体が拡大した。従来の司教や修道院に加え、各地の司教区の聖堂参事会、末端の小教区を司牧した聖職者たちが、それぞれチャリティを展開した。他方で新たに、富裕な王侯貴族や商人、信徒の親睦互助団体である兄弟会、同業組合《ギルド》などによる世俗の側でのチャリティも発達した。

こうして、旧来の修道院によるチャリティのかたわらで、救貧や教育を目的とした財団（第一節に出てくるイスラームのワクフと相似している）が設立され、地域の貧者や病人、旅人を世話《ケア》す

図2　ボーヌの「神の館」
1443年，ブルゴーニュ公フィリップ＝ル＝ボンの廷臣で尚書長であったニコラ・ロランが，チャリティとして創建した．

るための「ホスピタル」(近代以降の治療《キュア》中心の「病院」とは異なる)や、癩病患者を収容する「レプロサリウム」(癩病院)が各地に建てられた。ブルゴーニュ地方のボーヌに今も色鮮やかな美しい屋根の建築を伝える施療院「神の館」(一四四三年)はその好例であろう。先述のビザンツ帝国に比べると遅まきながらの隆盛といえるのかもしれない。

ところで、数あるホスピタルのひとつ、十字軍遠征の後の一二世紀初頭にエルサレムで創設された聖ヨハネ・ホスピタルは、現地在住の貧しい病人のみならず、この地にやってくる巡礼者の世話をした点に特色がある。一二世紀初頭に作られたその規約は、中世盛期の新たな展開をよく示している。そこには貧しい苦しむ者たちは地上におけるキリストの代理とみなされるべきだとはっきり書かれる。病人は主イエスであり、彼らを世話する修道士は彼らの僕なのだ。病は、チャリティと同情と謙譲を試すため、神から送られると考えられている。

私の面前にいるこのみすぼらしい人はキリスト(の代理)かもしれない、という「キリストの貧者」の発想は以前から存在していたが、それは清貧に生きる修道士や隠修士を指すものであった。しかし一二世紀頃から、「キリストの貧者」は端的にキリスト教徒の貧者を意味するようになり、中世初期と比べてもより一層、貧者はチャリティの対象として注目されてくる。「煉獄」の誕生も、そこへの滞在期間を短くするため救貧を促した。並行して、キリスト教的チャリティの対象を定式化する考え方もあらわれた。肉的慈悲行と霊的慈悲行である。これらは、一三世紀に生きた中世最大の神学者トマス・アクィナスの『神学大全』におけるチャリティ〔愛徳〕論の中にはっきり刻み込まれている。いわく、

身体的施しとしては次の七つ、すなわち、飢えている者に食べさせ、渇いている者に飲ませ、裸の者に着せ、旅人を宿らせ、病人を見舞い、捕われ人を身受けし、死者を葬むることが挙げられており、〔中略〕また、他の七つの霊的施し、すなわち、無知な者に教え、疑いまどう者に助言し、悲しむ者を慰め、罪人を矯正し、さからう者を許し、重苦しい人々とつき合い〔不当な仕打ちに耐える〕、そしてすべての者〔生者と死者の両方〕のために祈ることが挙げられており、〔後略〕。（三二問題第二項）

アクィナスのチャリティ論は、アリストテレスの友愛論に立脚しており、「愛徳が神に対す

図3　ピーテル・ブリューゲル(父)「カリタス」(1559年)
七つの(肉的)慈悲行を一枚の絵の中に表現している．中央の，頭にペリカンを載せた女性がチャリティの擬人像．

る人間の何らかの友愛であることは明白である」とあるとおり、古代のフィラントロピアに接近しているのだが、神への友愛が神の被造物全体にも等しく広がる点で、やはりキリスト教的である。

貧者のクローズアップとともに、もう一つ注目すべきは、チャリティの姿勢において二つの路線が確立したことである。アクィナス(ドミニコ会修道士)はチャリティという利他的な行為を、自分が、神の愛に至るための手段であるとみなし、それゆえ、愛徳を発揮するという意味で自己本位的なところから、適切な救済対象を選別する傾向を代表すると言ってよいだろう。他方、同じ一三世紀に生きたアッシジのフランチェスコ(フランチェスコ会の創始者)は持てる物はすべて貧者に与え、自らは何も持たずに人に奉仕する修道士のモデルを作り上げた。彼において利他に自己本位な意図は含まれず、それはただ神の愛のあらわれなのであった。与える者の側で誰をどのような理由で救うのかといった考慮は浅はかな人間の知恵として退けられ、分け隔てせず非選別的に救済することを是とした。

　前者の選別的チャリティは、救うに値する者のみを救済対象とし、救貧における世俗的な、社会政策的な意味合いを多分に先取りしていた。後者の非選別的チャリティ（福音主義的チャリティともいう）は、すべての者を救済対象とし、前者よりも強く、与える者自身の救霊を目指すものであった。両者の立場はしばらくバランスを保っていた。

チャリティ的なるものの中世

　ここで、中世的なチャリティ的なるものの特徴を三つの気持ちに沿ってまとめておこう。㈠**困っている人に対して何かしたい**——。ただし神の愛を証しし、地上の富を否定してみせ、自分が死後救済されるために、キリスト教徒の貧者に対して（だけ）そうしたい。㈡**困っている時に何かをしてもらえたら嬉しい**——。ただしその嬉しさは（誰かの手を介した）神のみ恵みとして感じる。㈢**自分の事ではなくとも困っている人が助けられている光景には心が和む**——。ただしそれはキリスト教共同体の内部にとどまる。

　私たちがふつう「チャリティ」と結びつけて連想する思想や実践は、中世ヨーロッパで積み重ねられてきた。それはチャリティ的なるものに対する古代的な考え方とは非常に異なっていたが、思想的には完全には断絶しておらず、実践においても、自身の救霊以外に、この世に名を残したいという名誉欲がなかったわけではないだろう。古代のやりかたや考え方もまた、上に積み重なった中世におけるチャリティの層へ、下から浸潤していったと捉えるべきである。歴史上、完全なる断絶はほとんど生じ得ない。

近世への激動

「一四世紀の危機」という見方がある。一三一五―一七年には大飢饉が発生した。一三四七年からの数年間、黒死病《ペスト》が大流行しヨーロッパ人口の三分の一が亡くなったと推定されている。そのあおりで経済活動は落ち込んだ。また、一三三七年に英仏百年戦争が始まり、フランスではジャックリーの乱(一三五八年)、イングランドではワット・タイラーの乱(一三八一年)などが起きた。一三七八―一四一七年は、二人の教皇が並び立つ教会大分裂《シスマ》の時代でもあった。

深刻な社会不安を背景に、右で紹介した福音主義的チャリティと選別的チャリティのバランスは、決定的に後者に傾き、これまでの「キリストの貧者」という理解とは一変、貧者を危険視し非難する言説が登場する。象徴的なのは一四〇〇年代に目立ってくる「浮浪者」というカテゴリーである。彼らは救済ではなく処罰の対象とみなされた。一四七八年のニュルンベルク物乞い条例の一節を引いてみよう。

非常に大勢の男女の物乞いが、神を恐れぬ不適当で間違った行為にふけっている。加えて、大勢の物乞いがここニュルンベルクにやってきて、必要もないのにわれわれのチャリティを要求し、それを受け取っている。施しをすることはとくに褒むべき立派な美徳の行いであるがゆえに、そして、そのような施しを違法にあるいはその必要性もなく受け取る者は重大な明々白々な行為で有罪であるがゆえに、我が参事会は〔中略〕そのような欺瞞の不誠実と危険とを予防することにし、もって貧者と困窮者がそのチャリティから疎外されたり、得損なったりしないようにする。

貧者は社会の安寧を脅かす、危険な犯罪予備軍とみなされていく。

この流れに独特なうねりを与えたのは、マルティン・ルターの九五か条の提題に象徴される、一六世紀初頭からの宗教改革である。一度は教会大分裂を経験したとはいえローマ・カトリック教会が提供してきた霊的権威は、プロテスタント諸派の台頭によってその独占状態を打ち破られてしまい、さらに、こうした宗教上の分裂と世俗の政治がからまりあい、西欧世界はモザイク状に分断した。神の愛の実践としての救貧という中世以来の位置づけは連続するものの、これによって、具体的な実践に大きな転換が生じたのである。しかも、その影響は震源地たるプロテスタント地域のみならず、カトリックの世界にも及んだ。

チャリティ的なるものの近世・近代――「私」の領域へ

中世におけるチャリティはキリスト教と結びついていた。いわば「聖」がチャリティを独占している状態であった。しかし、一四世紀のイタリアで興隆した古典古代文芸の再生運動ルネサンスと、その中に胚胎した、キリスト教信仰を聖書のウルガータ訳(中世のラテン語)ではなく原典(ヘブライ語、ギリシア語)から理解し直そうという人文主義者《ユマニスト》たちの努力、これらの影響を強く受ける形で、一六世紀に宗教改革は始まる。すると、「聖」とは異なる次元で新たに二つのチャリティ領域、「公」と「私」が誕生することになった。

先に、西欧世界がモザイク状に分断したと書いたが、それはつまり、各地にカトリック教会の権威を否定するプロテスタンティズムを奉じる公権力が林立したということである。本書が主に扱うイギリス(イングランド)もその一つである。これら公権力――「公」――は、旧来のままのカトリック教会・信徒が提供するチャリティに頼れなくなったため、支配領域内の安寧(「公共の福利」)を実現すべく、貧民の処遇を法律によって義務化する必要に迫られた。カトリック圏でも同じ動きがみられた。

さて、貧民処遇の表側は救済である。税金その他の財源から貧民を救済することを義務付けた「救貧法」的な法は、一五二〇年代の前半には早くもドイツの北部・東部の各地で、二〇年代半ばにはスイスや低地地方南部(現在のベルギーあたり)で、二〇年代末にはフランス東部とイタリア北部で制定された。イギリス(イングランド)にも一五三〇年代に萌芽的な救貧法が定められた。他方、貧民処遇の裏側として規制策も採られた。一六世紀後半以降、各地で物乞い規制法が定められ、捕らえた物乞い・浮浪者を閉じ込めて労役を課す施設が設立された。

救済と処罰という異なるベクトルを持つ貧民観は、先述の通り、中世後期の福音主義的救済と選別的救済の二路線の継続とみてもよいが、宗教改革の立役者であるルターの言説の中にも見出すことができる。『善きわざについて』(一五二〇年)では、「信仰がなければ、慈善もまったく無益」であり、「敵や反対者の上にまで広く及ぼす」こと、「愛するに値しない者にも、悪人にも、敵にも、忘恩者にも施す」ことを説く。しかし、この福音主義的(非選別的)な慈善観と対照的に、同じ年に出された『キリスト教界の改善に関してドイツのキリスト者貴族に与える書』では、物乞い行為を厳しく非難し、都市に対し、そこに住む貧民を救済するのはよいが、「他の地方のいかなる乞食をも、それが巡礼者であっても、あるいは托鉢修道会に属する者であっても」世話してはならないと訴える。「貧しくあろうと願う人は、富まなくてもよい」し、もし豊かになりたいなら「手に鋤をとって、自分で地上に富を求めればよい」という一節など、まさに選別的な慈善観、近代的な勤労観の発露といえ、現代の自己責任論を想起させる。

一六世紀以降、カトリック教会(「聖」)が後景に引くのと反比例するように、「公」の次元が発達してきた。そして、重大な課題に直面するようになった。つまり、中世までは教会や信徒の提供するチャリティは、あくまで神の愛の証の行為であって、貧困を根絶する意図も力も社会的要請もなかったのであるが、近世になると、統治権力の責任において、貧困は根絶とはいかぬまでも一定程度に管理されねばならなくなった。これは同時に「私」の台頭も促す。

つまり、キリスト教の教えに基づいた行為ではあるが、組織としての教会制度とは距離を置いた私人主導のチャリティが、公的な救貧を補う役割を果たすようになるのである。かつて「聖」が担っていたチャリティは、「聖」の役割も多少残しつつ「公」と「私」に分有された上で、「私」の管轄になっていった。「公」は公的救貧を請け負った。

地理的差異の拡大

以上の共通性を踏まえた上で強調せねばならないのは、近世は地域的な偏差が拡大する時期でもあった点である。領域を支配する君主が、理念的には排他的に「主権」を握り、領域と民の安寧の実現に責任を負う、いわゆる主権国家化が、徐々に目指されていくのだ。かかる傾向と並んで、一人の君主が複数の領域を支配する複合君主政や、かなり重複した状況を指すが、さまざまな政治社会を持つ雑多な領域が一つの国(礫岩国家)をなす状態も出来していて、近世

図4　フィレンツェの捨て子養育院(右)とロッジアを飾るテラコッタ(左)

ヨーロッパ世界の秩序のあり方は一筋縄では語れない。しかし、ことチャリティないし救貧については、大きく、カトリック圏とプロテスタント圏とで異なる特徴を見出すことができる。

　カトリック圏では総じて、貧者や弱者を含む罪びとを赦し社会に包摂しつつ統制する「贖罪的」な救済を旨としていた。これは中世後期以来発達してきた次のような諸機関を介して社会に介入し、小悪を規制して、以てより大きな害悪を回避する志向性を有していた。たとえば信徒の親睦互助団体であった兄弟会は、気晴らしや娯楽を否定しないまでも、メンバー内で言葉遣いに気を付け、過度な飲酒を戒め、賭け事や蓄妾を避けるよう自己規制につとめた。イタリア諸都市に設立された公益質屋モンテ・ディ・ピエタは、貧しい人々の日々の暮らしを支える機構であるが、ユダヤ金融の代替として出発しつつ、本来否定されるべき利子を一定程度は認めた。また、売春をある程度は容認しつつも改悛娼婦の保護につとめたし、婚外での望まぬ妊娠・出産やその他親の不慮の死やさまざまな都合に対応した捨て子養育院（一四四五年にできたフィレンツェの施設インノチェンティが有名）を設立することによって、より大きな悪である嬰児殺し（未洗礼状態での埋葬）を回避した。

大きな構図で捉えるなら、中世後期以来の福音主義的救済の傾向がやや強く出ているのがカトリック圏ということになる。

これに対して、プロテスタント圏では総じて、勤勉であったのに不運により貧困に苦しむ者には、通常の暮らしに復帰することを助ける「支援的」な救済を行うが、それ以外の（自業自得で不徳な）貧者は処罰して反省させ、労働に復帰させるか、あるいは、不要な存在としてコミュニティから排除しようとした。規律を重んずる姿勢は、世にある悪徳を全般的に抑圧することへ向かった。それゆえ、プロテスタント圏では、売春の悪徳に対して、しばしば娼館の閉鎖と早婚の奨励によって応じ、怠惰に対しては、笞刑や投獄に加え、労役による矯正という直接的な手段を用いた。

カトリック圏に比して小悪への許容度は低く、こちらは中世後期以来の選別的救済の系譜をより強く引いているといってよかろう。

最後に、ヨーロッパ世界がモザイク状になったことの帰結として、地域の支配的な教会による救済はおろか、地元の公的救貧にも私的救貧にもあずかれない人々が発生した。カトリック圏で迫害を受けるプロテスタント信徒（フランスのユグノーなど）や、プロテスタント圏で迫害されるカトリック信徒（イングランドのカトリックなど）、さらに以前から蔑視や差別の対象であったユダヤ人などである。そこで、彼らは、国を超えたネットワークを形成し、窮状にあえぐ同胞に対し、物心両面の支援を行っていくのであった。

思想的な新要素

このように、近世以降も依然としてキリスト教がチャリティに果たす役割は大きいのだが、他方で、キリスト教的な教義や世界観とは切り離せないが別種の、近世以降の「自然法」思想が、チャリティ的なるものに新しい意味を付加していくことになる。「自然法」とは、各地の歴代支配者が定めてきた法（実定法ないし人定法）よりも上位に位置する、過去・現在・未来にわたり人間全般に普遍的に妥当し、必ず守られなければならない法を意味する。生存権（ゆえなく人を傷つけたり殺してはいけない）や、所有権（人の所有物を侵してはならない）などを保障する法であると言い換えることもできる。

チャリティ的なるものに関わる焦点は、他者の利用を排除する絶対的な私的所有権を認めた場合、誰かが自らの生存維持のため、他者の所有する資源へアクセスすることが許されるのかどうか、つまり、困窮者が富裕者に救済を求めることが許されるのかどうか、許されるとしたらどのような理由や条件によるのか、という問題である。一七世紀の自然法学者であるグロティウスやプーフェンドルフにより原型が固まった。

社会の存続に不可欠な権利・義務、たとえば私有財産や契約は、必ず守られなければならない「正義」であるのに対して、社会の存続に不可欠ではないがあればその向上に貢献する権利・義務、たとえば物乞いや貧者の救済は、遂行しなくても罰せられはしないが遂行すれば称賛される「愛＝慈善」の行為だと規定された。「正義」と「愛＝慈善」の対比はきわめてキリスト教的であるが、前者を完全権利・完全義務、後者を不完全権利・不完全義務とすることによって、議論は神学の制約を離れて、理性を尽くして追求される政治課題になる。

以後、ホッブズやロック、ルソーといった政治哲学者も、チャリティを含む道徳の基礎として「共感《シンパシー》」に着目したヒュームやアダム・スミスのような道徳哲学者も、このラインに沿って救貧ないしチャリティをおおむね不完全権利・不完全義務の側に位置付けてきた。ホッブズは『リヴァイアサン』(一六五一年)において、労働不能な貧者に対しては、不確実な任意の「私的なチャリティ」ではなく、「公的なチャリティ」すなわち「国《コモンウェルス》の法」によって救済がなされるべきとしながら、労働可能な貧民には怠惰を許さず、労働を強制せよと説く。一八世紀のアダム・スミスも、「社会の安定と秩序は不幸な人の救済よりも重要」という考えに基づいて、同胞の悲惨の救済をしないことは褒められはしないが、することを強いられもしないというチャリティの不完全権利・不完全義務説をとった。

これら重要な学者たちはチャリティという言葉と並行して、「他者の善を願う心」という意味を込めて慈恵《ベネヴォレンス》や博愛《フィランスロピー》という語も用いるようになってきた。ある種、古代的な市民道徳にもみえる要素を強調しつつ、キリスト教的含意を取り除いていくのである。

近世・近代世界の変容

ここで、古代、中世に引き続き、三つの気持ちに沿ってまとめ直してみたい。㈠**困っている人に対して何かしたい――**。ただし（死後の救済に関わる宗派の教義上の理由からだけでなく）対応しなければ自分の属している社会が危殆に瀕するから、自身の不徳のゆえに貧困に陥った者は処罰し、救うに値する弱者（だけ）を助けたい。㈡**困っている時に何かをしてもらえたら嬉しい――**。ただしその嬉しさは社会ないし宗派共同体からの恩恵として感じる。㈢**自分の事ではなくとも困っている人が助けられている光景には心が和む――**。ただしそれは自分の属する共同体内部にとどまり、マイノリティについては同胞に限定される。中世的チャリティが次第に宗教的含意を薄められていく過程も、近世・近代に特徴的である。

以上、一九世紀頃までのヨーロッパ（西欧）のチャリティ的なるものの歴史を概観してきた。次に、近現代のイギリスを扱う本論への準備の総仕上げとして、中世後期から一七世紀までのイギリスにおけるチャリティの構成と歴史的展開を説明したい。

四　新興プロテスタント国に変容するイギリス
——貧困・チャリティ・公的救貧

中世後期から近世初期の貧困史

ここまで説明したように、ヨーロッパ(西欧)において、自身の死後の救済を核に持つ、中世の神中心のチャリティ的なるものは、中世末から近世初期にかけて、社会の秩序維持を目的の核に持つ、社会中心のそれによって上書きされていった。取って代わられたのではない。この大きな流れを念頭に置いて、本書の焦点である近現代イギリスのチャリティ史の前史を描いてみたい。イギリスを構成するイングランド(とウェールズ)、スコットランド、アイルランドのうち、イングランドの叙述を中心にすることをあらかじめ断っておく。

イングランドでは、一三〇〇年頃には五〇〇万人いたと推定される人口は、度重なる飢饉や疫病、そして戦乱の「一四世紀の危機」を経て、一五世紀半ば頃には二〇〇万人以下にまで減少したとされる。その結果、土地や住居の余剰が生じ、また、深刻な人手不足ゆえに労働需要も増大した。需要が減退したため物価は下がり、生き残った人々にとって、一四世紀半ばから一五世紀半ばは、生活水準が上昇し、貧困の軽減を経験できた時代であった。しかし、一四五五年から三〇年にわたって国土を荒らしたバラ戦争のほか、凶作や疫病が頻発したため、一五二〇年代までには、短期的な窮乏にさらされる人々の数は増大した。しかも、一五三〇年代からの宗教改革の結果、かつてチャリティを担っていたカトリック系施設（修道院や永代寄進礼拝堂）が解散させられ、貧者のセーフティネットに深刻なほころびが生じ、萌芽的な公的救貧の試みが散発的に実施された。イングランドは、プロテスタント圏の特徴を帯びてゆく。

エリザベス一世の治世（一五五八—一六〇三年）も、キャプテン・ドレイクの世界周航やシェイクスピアらの演劇文化、スペイン無敵艦隊の撃破など、華やかで活気あふれるイメージとはうらはらに、さまざまな問題を抱えた。治世開始時に三〇〇万程度だった人口は急激に増加し、治世の終わりには四〇〇万をこえた（それでも一三〇〇年頃の五〇〇〇万人にはまだ届いていない）。これに伴う農村から都市部への人口移動と社会変動は物価高騰を招いた。基幹産業である羊毛業も、「羊が人を食う」とトマス・モアが批判したいわゆる「第一次囲い込み」を誘発するブームを示したが、国際経済に翻弄され、決して盤石ではなかった。

こうした中で、勤労によって貧困から脱することができるのにそうしないのは本人の不徳だから救済対象とはならないとするプロテスタント神学的な貧困観・チャリティ観と、善き秩序を持ったキリスト教国家の使命はその成員の福利増進であるとする人文主義的なコモンウェルス論が合流し、後の公的救貧の制度が徐々に準備されていった。

一七世紀には、一五九八年と一六〇一年に制定された「エリザベス救貧法」を軸に、宗教目的(ミサ、教会の維持、聖職者の給養)ではない、救貧に特化した包括的な支援制度が全国画一的に実施される。この救貧法は、イングランドとウェールズの末端の行政機構である教区(約九〇〇〇)ごとに、救貧税を査定して徴収し、その資金で教区内の労働可能な極貧者を仕事に就かせ、労働不能の極貧者(単なる貧者を指すプアではなくポウパという語であらわされる)を救済し、極貧者の子弟を年季奉公に出す義務を課したものである。

斉一的な公的救貧の仕組みは同時代にあって突出しており、福祉国家の成立する二〇世紀半ばまで約三五〇年も維持された点でも特筆すべきである。原則的にイングランド人はどれだけ困窮しても最終的には教区によって救済される一種の権利を定めた救貧法が、社会に大きな役割を果たしたことは明らかだ。

しかし、忘れられてはならないのが、エリザベス救貧法の制定と同じ一六〇一年に「チャリティ用益法」という法律が制定されている事実である。この法は歴史上の知名度はほとんどなく、マイナーな規定をしているだけなのだが、何がチャリティであるかについて、当時の実績に基づいて明確に規定しているだけでなく、その規程が現代までイギリスのチャリティ理解を枠づけてきた点でも極めて重要である。この法律によれば、チャリティとは以下を指す。

老いて労働不可能になった貧しい者たちの救済、病気や廃疾の兵士や水兵、学校、無料学校および大学の学生の維持扶養、橋、港湾、道路、教会、堤防、公道の補修、貧しい娘の結婚、若い小売商や職人および零落した者たちの支援、救済、援助、囚人や虜囚の救済あるいは身請け、十五分の一税や兵士調達やその他の諸税の支払いにおける貧しい住民に対する援助あるいは負担の軽減。

注目してほしいのは、ここには、いわゆるチャリティの対象として想像しやすい、加齢や病気といった不可抗力で苦しむ貧者や弱者の「悲惨からの救済」だけでなく、「共同体のさらなる福利増進」をはかる橋や道路といった公共的なインフラの整備も含まれている点である。右に紹介したプロテスタント神学と人文主義の両思潮を反映している。とくに人文主義は古典古代に理想を見出していたから、チャリティ的なるものに関しても、キリスト教的な死後の救済を目指す自己犠牲的なそれに加え、自己本位の名誉心――後世に名を残す欲求――が作用する余地を広めたと考えることもできる。共同体の恩恵者として記憶されたいという動機は、共同体の恩恵者として積極的に記憶し顕彰する人々の存在が不可欠であろう。（どのような広さを設定するかは人それぞれだが）長く存続する「コミュニティ」への愛着こそが、イギリスにおけるチャリティの持続的隆盛の根幹にある。その当否は以下の行論で判明していくはずである。

救貧法とチャリティ用益法、換言すれば公的救貧と私的慈善は、近世以降のイギリスの「福祉の複合体」(ある時代のある地域における福祉の複数のオプションの組み合わせを指す歴史学の用語)を支える二本柱となったのである。

貧者の二類型(一三五〇―一六〇〇年)

中世後期から近世初期にかけて、チャリティにせよ(萌芽的な)公的救貧にせよ、救済すべき対象は変わらなかった。それは労働不能で自活できない貧者である。すなわち、身寄りのない孤児、働き手を亡くした寡婦、働くことのできない病身の老人や身体・精神障害者、そして火災や船の難破などで財産を失った不運な困窮者である。選別的なチャリティ観がはっきり表れている。

しかし、労働可能なのに自活できていないと目された者、すなわち浮浪者や物乞い、正業に就いていない男性に対して、対応は冷たかった。このような者たちは処罰されるか放置されるべき存在であった。人口の急減した一三五〇年頃から一四六〇年代、地域によっては一五二〇年代まで、社会は人手不足であったため、望めば自活を可能にする仕事にありつける、実質的な完全雇用が実現していた。それゆえ、そのような時期にあっては、右のような厳格な態度は意味のある方針だった。しかし、一六世紀後半以降は、人口が急増し、農村では第一次囲い込みが進行して余剰労働力が排除され、この余剰労働力は、全員にしかるべき仕事と住居を供給できない都市部に流入した。しかるべき仕事とは、自分と家族を養えるだけの稼ぎのある仕事という意味で、都市に来た者たちは、不安定雇用と低賃金と劣悪な条件の労働および住居とに苦しむことになった。

近世以降も、チャリティの姿勢は選別的であり続けたが、そのままでよいというわけにはいかなくなった。社会・経済的な条件が変化してしまったのである。それでは、この時期、イングランドにはどのような救貧の手段があったのであろうか。

救貧の五形態(一三五〇―一六〇〇年)

第一に、中世以来、都市当局などの許可を得た上でなされる物乞い行為や、慈善施設建設のための勧進行為に対する施しは、キリスト教徒として推奨されていた。奇異に見えるが、中世において物乞いは一種の身分団体を構成しており、社会的分業の範囲内に位置付けられていた。いわば、キリスト教徒にチャリティを実践させるために必要とされた「職業」だったのである。

しかし、イングランドで宗教改革が始まる一五三〇年代から、こうした物乞いや浮浪者への懸念が増大してくる。かれらは本当に困窮した弱者ではないのではないか、との疑念が頭をもたげてきたのだ。実際に、人口増と相俟って、道行く浮浪者や物乞いは余計に目につくようになってきたし、個別的な施しだけではかれらのニーズを満たすだけの資金は集まらなくなった。浮浪者全般はいわゆるジプシーと関連付けられ、一五三一年の「ジプシー法」では国外退去、一五六三年の「ジプシーと称する浮浪者を処罰する法」では絞首刑の対象とされた。

民間における浮浪者恐怖の空気は、トマス・ハーマン『浮浪者警戒論』(一五六六年)に列挙された不良物乞いの一覧からも明白である。偽傷痍軍人、プロ泥棒、昼に物色し夜に鉤付きの竿で窓から窃盗する者、プロ泥棒に類する生活を送る放浪者、親の代からの放浪者、馬泥棒、妻帯している物乞いの転売屋、偽勧進、偽狂人、偽海難者、偽てんかん患者、偽聾唖者、稼ぎを飲酒に費やす鋳掛屋、盗品売り、証明書偽造者、偽火事被災者、物売り女、子連れ女放浪者、未婚の女放浪者、女放浪者、処女放浪者、少女放浪者、少年放浪者――。路上の貧者はもはや、「キリストの貧者」とは見られなくなってきた。

第二の主要な救貧の手段は、ホスピタル(現在の「病院」よりも多機能――一四頁)と私設救貧院《アームズハウス》(慈善養老院がもっとも近いイメージ)への収容であった。一三五〇年から一六〇〇年の間に、イングランドでは延べ一〇〇五のホスピタルと私設救貧院が運営されていた。運営主体は主に修道院であった。一五二〇年代にピークがきて、この頃、六一七の施設が常時四九〇〇人から六四〇〇人ほどを収容していた。ところが、一五三〇年代からの宗教改革で修道院が解散させられたため、約半数が閉鎖された。この間、個人からの遺贈で設立された慈善信託による施設も新設され、その信託を受託した自治体やギルドや教区が運営に参加しはしたが、一五六〇年代になってもその規模は二〇年代の三分の二にとどまり、九〇年代に至ってもなお、五〇〇弱で、これは三〇〇〇人から五三〇〇人を収容する水準であった。

ところで、「慈善信託」という言葉がでてきた。本章第一節で、イスラームのチャリティ的なるものの一種として「ワクフ」を紹介したが、そのキリスト教版といってよい。寄付者が収益の使途を定めて不動産を受託者に委ねる仕組みで、西欧世界で広く行われ、一三世紀頃からイングランドでは例がみられる(イスラームのワクフに触れた十字軍士がもたらしたとする説もある)。私人が財産を教会に寄進し、教会勢力が強くなり過ぎるのを制限するため、王権側は、何の富も産まない者の手(死手)に財産を遺贈してはならないとする法律を定めたが、それを回避する便法として信託制度は作り出された。こうして、法人化されていない受託者に不動産所有が認められ、彼らの手で基金(不動産)は維持され、その年収益(不動産の場合は地代)を用いた運営がなされたのである。

次に第三の救貧手段。兄弟会という呼称が定着しているが、イギリス史上、「ギルド」という語で知られる自発的結社である。近隣の住人や同じ職業の仲間、あるいはより広域に特定の聖人崇敬を目的にする人々が、宣誓をし、定期的に拠出金を出して諸種の集団活動に勤しんだ組織である。中世においてヨーロッパ中でみられ、中世社会を考える上で不可欠の素材である。

ブリテン島でも七世紀末から存在が確認されており、ほぼ確実に黒死病が影響しているが、一四世紀後半から急増した(一五世紀には約三万を数えた)。兄弟会はそれぞれ数十人から数百人を擁し、そこで信仰生活、コミュニティ生活、そしてチャリティ活動を行った。専用の礼拝堂を建て、ともに守護聖人を崇敬し、会の事蹟を記念したモニュメントを建立し、物故会員のとりなしのための年次ミサを挙行し、親睦を深めるための年次祝宴を張り、拠出金を用いて、危機に陥った仲間の扶助や、事業を始める仲間への貸付などを行った。また、メンバーが逝去した際には葬儀を執り行った。

会員限定の活動のほかに、外部へのチャリティも実践された。スペインやイタリアの兄弟会に比し、イングランドのそれはあまりそちらの方面では熱心ではなかったようだが、それでも、学校・橋・私設救貧院の設立や、行倒れ人の埋葬支援、私設救貧院やホスピタルへの入所斡旋などの例が知られている。兄弟会には利己心を制限して利他的に振る舞い、他者(友人)を信用する倫理を涵養する機能があった。「連帯の技法」を学ぶ場、それが中近世の兄弟会だった。会員の生き方を向上させることを通じたこうした世直し的な意図は、しかし、チャリティについては、あくまで「与え手」である会員を正しいキリスト教徒として教育するところに力点があった。したがって、兄弟会のチャリティが果たした実際の効果については、過大評価はできないであろう。しかも、宗教改革後、兄弟会は急速にその歴史的役割を終えることになる。

第四の手段はエリザベス救貧法に先立つ、教区を介した萌芽的な、公的とはまだ言い切れない救貧である。宗教改革を断行したヘンリ八世の治世までは、教区委員が貧者への施しを実施していた程度だったが、ヘンリの後を継いだエドワード六世の頃から、制定法や枢密院令を通じて、教区による救貧役割は拡大していった。救貧のための資金を集めるための救貧集金人が任命され、地方自治の要である無給の治安判事が地域の救貧を統制する例もでてきた。しかし、全国画一のシステムの出現は一六世紀末を待たねばならず、教区の救貧機能は限定的だった。

最後に、第五の救貧として、友人や知人、親類や隣人、あるいは地域の有力者や王侯貴族が行う個人的なチャリティ。ほとんどは記録に残らない一過性の救援であったが、とりわけ一六世紀は王侯貴族によるオックスフォード、ケンブリッジ両大学への学寮《カレッジ》の寄贈(慈善信託)が盛んになされた時代であった。一五〇六年から一六〇二年の間に一四の学寮がそのようにして新設された。オックスフォードのクライスト・チャーチやケンブリッジのトリニティはいずれも、修道院解散で莫大な資産を得たヘンリ八世によって完成した。

一七世紀のチャリティ

一六〇一年のエリザベス救貧法とチャリティ用益法に象徴されるように、イングランドでは宗教改革と全般的な人口増加、そして社会構造の変化の影響で、カトリック教会(「聖」)に依存しない救貧が要請され、結果的に「公」の領域に全国一律にゆきわたる公的救貧が、「私」の領域に多様なチャリティが実践されることになった。一六世紀までは公的救貧は散発的で、私的チャリティはなお兄弟会《ギルド》のようなカトリック的過去を引きずっていた。

ある研究によれば、ロンドンでは、一五七〇年代初めにチャリティによる救貧比率は五二％だったのが、九〇年代半ばには六七％に達した。公的救貧が求められる厳しい社会的背景を示している。そして救貧法が導入された直後には、公的財源による救済が過半を占めるようになった。イングランド全体でも約四〇％が公的財源による救済になった。公的救貧と私的チャリティは車の両輪として動き始めた。そして、黒死病流行期以前の人口水準を回復した一七世紀前半、救貧財源は公的、私的両方で全般的な充実を示していく。すなわち、救貧のための税収も、任意の寄付も増大していったのである。

このうち、任意の寄付については、一七世紀ならではの特徴を指摘することができる。兄弟会《ギルド》はほとんど姿を消し（ただし、ロンドン・シティのそれがよく知られているが、一部は脱カトリック化を果たして宗教改革を生き延び、有力市民のクラブ的存在となって、それがチャリティを行うことになる）、右に列挙した五種類のチャリティの中で第二のものの系譜を引く、慈善信託が主流となったのである。

一四八〇年から一六六〇年のイングランド一〇州（ロンドン、ブリストルを含む）の事例を詳細に分析した研究に従って概観してみたい。一六六〇年までに六三二八人の寄付者を数えたが、うち八二%は基金を設定した。つまり、財産を特定の慈善目的に用いるよう遺言で設定し、元本を維持して毎年の収益で半永久的に運営する慈善信託を残したのである。残り一八%は直接何らかの目的に支出したり、一定期間で使い切るものであった。

まだ修道院や教会の力が強かった一五二〇年代までは、直接支出や一定期間で基金を使い切ってしまう施しが主流であったが、宗教改革期には、修道院解散などで需要が高まり基金設定の割合が増加した。ただ、多くは旧チャリティの代替であったので、宗教的な目的の慈善信託が目立った。一五九〇年代からは、直後の公的救貧の確立も手伝って、それを補完するような世俗目的の慈善信託が増え、大多数を占めるようになった。

では、どのような目的でチャリティはなされていたのだろうか。情報を得られる二一二一件から次のような比率が示されている。まず、在宅貧者への施しや、ホスピタルおよび私設救貧院の設立・維持・運営からなる「救貧」は三六・四%。初級学校(古典語教育なし)、グラマースクール(古典語教育あり)、各種の奨学金や大学の有給研究員職、そしてオックスフォードやケンブリッジへのカレッジや図書館、講座や教授職を含む「教育」は二六・八六%。聖職者の雇用や支援、教会の修繕や新築、説教の提供といった「宗教」関連のチャリティも、途中でカトリックからプロテスタントへ転換するものの、二一・二六%あった。その他に、徒弟修業に出すための支度金、嫁資の提供や債務囚の救援（一九世紀後半まで、借金を返せない者は投獄された）、開業資金の融資といった「社会支援」に一〇・三％、不足する税収の補塡や建物や街路を整備する公共的事業といった「自治体支援」に五・一八％が用いられた。

慈善信託と並行して一七世紀（とくに後半期）によくみられたチャリティは、記録に残りにくい個別の施しや季節性の救済行事や寄付行為を除くと、教会を通じた組織的募金である。とりわけ、「教会勅書」という国王発布の募金呼びかけ文書が、全国の教会に通達された。それに基づいて、近世ヨーロッパのカトリック圏で迫害に苦しむプロテスタント同胞（フランスのユグノーなど）への義援金が集められた。同じく、近世ヨーロッパで深刻な問題であった、マグレブ地方（エジプトを除く北アフリカ）のイスラーム勢力に捕らわれた数千人に達するイギリス人、および他国出身のプロテスタント虜囚を買戻すための身代金も、この手段によって工面されることがあった。自然災害で被災した住民への見舞金なども教会勅書によって集められた。

こうした慈善信託の隆盛と、教会勅書による散発的な組織的募金活動、そして、それらによって補完される救貧法の制度こそ、一七世紀イギリスの特質である。政治史的には、一七世紀は有為転変の時代であった。エリザベス女王が薨去すると、彼女によって処刑されたスコットランド女王メアリの息子でスコットランド王であったジェームズ六世がイングランド王ジェームズ一世としても即位し、スコットランドとの同君連合が誕生した。四〇年代はイングランド、スコットランド、アイルランド間の「三王国戦争」とイングランドでの革命(いわゆるピューリタン革命)で混乱し、この革命で時の国王は処刑され、オリヴァー・クロムウェルによる共和政、実質的には軍事独裁が敷かれた。共和政が自壊すると一六六〇年から王政が復活したが、一六八八―八九年には名誉革命が生じ、現職国王が国外脱出し、オランダから大軍を率いてやってきた新王夫妻ウィリアム三世とメアリ二世による治世――ただし議会優位の――が続いた。

しかし、この動乱期、救貧法は維持され、教会勅書は利用され続け、なにより慈善信託は反故にされなかった。慈善信託は不安定な国情に適した形式だったとも考えられる。こうした特徴は、前節の末尾でまとめたヨーロッパ近世・近代のチャリティ的なるものを明確に反映した上で見られる、イギリス的な個性だと言ってよい。これは、次章以下で扱う近現代イギリスの「福祉の複合体」を理解するための歴史的前提となる。

古代ギリシア・ローマから中世ヨーロッパを経てゆっくりと蓄積されてきたチャリティ的なるものの諸実践・諸思想の複層の上に、中世後期・近世初期、地域別にある程度個性ある層を積み増していった先の一つとして、一七世紀末頃のイギリスにおけるチャリティをイメージしてもらうとよい。そして、層をなす長い過去の経験は、消滅せず、さまざまな仕方で再浮上し、そのつどの歴史世界を構成するのである。

第二章　近現代チャリティの構造——歴史的に考えるための見取り図

一　イギリス近現代史のなかの変数と定数

激動のイギリス近現代史

　一六八八―八九年の名誉革命以降、経済的には、それ以前からの商業革命（海外貿易を軸とする爆発的な商業活動の拡大）に続いて、農業革命（牧畜業を含めた農村における技術革新と効率化）が進展し、交通革命（一八世紀には運河と有料道路網の急増、一九世紀には鉄道網の整備）も相俟って、工業化（第一次産業革命は一八世紀後半、第二次産業革命は一九世紀末）が進み、人口が増加するとともに都市化が進行した。ブリテン島の人口は一七二〇年頃には約七〇〇万人だったが、一八〇〇年頃には一〇五〇万人、一九〇〇年頃には三七〇〇万人、二〇〇〇年頃には約六〇〇〇万人（北アイルランド含む）になった。

　一九世紀には、経済規模で言えば世界で最も豊かな国であったが、二〇世紀半ば以降、主要先進国の一角を占め続けはしたものの、最初の工業国であるがゆえの「イギリス病」に苦しむことになる。政治的には、一八世紀後半からつねに議会改革が叫ばれ、一九世紀から二〇世紀前半にかけて、一連の選挙法改正により有権者が拡大していった。急進主義や労働運動が盛り上がった時期もある。二〇世紀後半以降は、代表的な民主主義国としての矜持を保つ。

国際関係史では、一七世紀末、いまだヨーロッパ北辺の二流国であったイギリスは、一九世紀初頭のナポレオン戦争に至る長い第二次英仏百年戦争を戦ってこれに勝利し、第一等国の座を獲得した。一八世紀後半に北米植民地を喪失したとはいえ、帝国は拡大を続け、一九世紀には、他の追随を許さない海軍力と海運力をもって世界最大の版図・影響圏を構築するに至った。しかし、二つの世界大戦では辛うじて勝者の側に立ち、二〇世紀半ば以降、海外領は相次ぐ独立によって大幅に失われ、国際的な地位もアメリカ合衆国(とソ連・ロシアと中国)の前に後退を余儀なくされていく。

変わらないイギリス

激動を経験したといっても、イギリスは不思議な国である。第一に、一六八八―八九年に定まった統治構造を維持したまま、上述の政治、経済、社会の各方面で、二一世紀初頭までの近現代を乗り切った。すなわち、国王を戴きつつも中世由来の議会(庶民院と貴族院)に主権を委ねるという体制が、日本で言えば元禄の昔から、不文憲法の暗黙の前提を共有しながら、切れ目なく続いているのである。

第二に、一七、一八世紀に形作られた社会構造の基本も色濃く残っている。ピラミッドの頂点には、王とごく少数の爵位貴族が君臨し、その下に広大な不動産を富の基盤とするジェントリー層が控える。次に、当時のヨーロッパ大陸と比べればきわめて分厚い中流層（商工業、農場主、専門職）がきて、最後に人口の三分の二ほどになる（貧しい）民が裾野を形成した。わずかの例外を除き、固定された身分や血筋ではなく、（新たに獲得も喪失もしやすい）経済力で社会的地位が定まるありかたは、大陸ヨーロッパの大多数の国とは著しい対照をなした。そして、かかる三層構造は、一九世紀になると、上流階級、ミドルクラス、労働者階級という全国的に共通利害を持つことを自覚した三つの「階級」へと再編された。二〇世紀以降、政治的、経済的な民主化は確かに大幅に進展したが、階級社会という枠組みはなおも強固である。

こうした変わらない諸要素は、ナポレオンやヒトラーの侵略の企図を挫くことができた、つまり国土が戦場になって荒廃するとか決定的な敗北を喫して体制転換を強いられるといった経験をほとんどせずに済んだ、稀有な外在的条件の結果にすぎないともいえる。しかし他方で、内在的には、チャリティを組み込んだ近現代イギリスの「福祉の複合体」の効果と見ることもできるのではないか。近現代イギリス史に通底する変わらない諸要素のさらに基層部分に、イギリスをイギリスたらしめたチャリティの存在を認めることができるのではないか。

本書冒頭から繰り返されるモチーフ、㈠困っている人に対して何かしたい、㈡困っている時に何かをしてもらえたら嬉しい、㈢自分の事ではなくとも困っている人が助けられている光景には心が和む、という三つの気持ちの近現代史における発現のありさまを捉えながら、右の仮説を検証してみたい。以下ではその準備作業として、近現代史の中のチャリティを観察するための、構造的な見取り図――チャリティを構成要素とする「福祉の複合体」――を示す。

二　自助のイデオロギー、互助の共同体

自助《セルフ・ヘルプ》

政治的には、国家権力による適正な手続きを踏まない逮捕を禁ずる人身保護法によって、そして経済的、社会的には、不可侵の私的所有権をほとんど神聖視する原則の浸透に伴って、個人の自由を尊重する思潮は一八世紀以降のイギリスにおける「常識」と化したようにみえる。他人に依存しないで良心に従って自活する自由な個人は、イギリスの繁栄の礎と目された。他人への依存とは、とりもなおさず、他人の財への不当な侵害であるし(前章の自然法思想を参照)、国家に信教を強制されたり不要に規制されたりしないからこそ(プロテスタントであれば非国教徒

であっても弾圧されない)、自らの道徳律に従って創意工夫を凝らし致富できる。

この思想の精髄を示すのが、サミュエル・スマイルズの『自助論』(一八五九年)である。スマイルズは「国民的進歩は個人の勤勉、活力、高潔さの総計であり、国民的退廃は個人の怠惰と利己心と悪徳の総計である」と述べる。「いつの時代もイングランド人の性格の際立った特徴をなしてきただけでなく、我々の国民としての力を測る真の尺度となっている」ものこそ、「自助の精神」、あるいは「勤勉の精神」なのだ。「勤勉」の対極が「怠惰」、困難をものともしない「活力」の対極が、楽をして得をしたいという「利己心」、そして、良心で蓄財を自己規制する「高潔さ」の対極が、貪欲を解き放つ「悪徳」というわけだ。

スマイルズは、自助の精神がイギリスという「帝国の基礎」であり、その産業上の達成を作り上げたと謳いあげている。自助が近代イギリスにおける理想、イデオロギーとして力を揮ったことは確かである。しかし、人々がみな、このイデオロギーを内面化し、その達成に邁進していたかというと実態はかなり異なる。

ある研究者はこう述べている。「(工業化以前の)自由に生れついたイングランド人は働く時間と場所と方法を選んでいた。働かない権利はほとんど自由と同義であり、強制される労働はその反義語であった」。スマイルズが『自助論』を書いた一九世紀半ばにおいても、「勤勉な労働がイングランド的でないこと」は、「文学における有力なテーマ」だった。イングランド人は

「地球上でもっとも働かせにくく、税金をとりにくく、搾取しにくい人々」なのだ。それゆえ、「自由に生れついたイングランド人にその責務を自覚させることは、国富の創出に関心を抱く人々にとってつねに頭痛の種」で、「国家、州、自治体、教区は、「非生産的」な貧民を勤勉にするために手を尽くした」。しかし、「残念ながら、法も理性もこの究極の使命を達成できない運命だったようである」。大切な自由・独立と、求められる自助の間には大きなずれがあった。

考えてみれば当たり前のことだが、自助イデオロギーの強さは、必ずしもその浸透を意味しない。むしろ、期待したほど浸透しないがゆえにさらに強調されるのである。勤勉が説かれ、節約が勧められ、貯蓄や投資が促された。安定資産たる公債は年金の役目を果たした。多くの人が、他人に依存しない独立した生を目指した。一九世紀初頭から、庶民が少額でも口座を持てる貯蓄銀行が各地に創設され、一八六一年法により郵便局も貯蓄銀行業務に参入するようになった。一九〇〇年には民間の貯蓄銀行の口座数が一六二万五〇〇〇で預金総額は五六〇〇万ポンド、郵便局の方は口座が八四四万で預金総額は一億三五五五万ポンドとなった。

しかし、どれほど真面目に働く意思があっても、倹約につとめても、公債を購入して自前で家族のための「年金」を準備しても、不況や病気や怪我、老齢などで自助が破綻することは往々にしてあった。そこで機能したのが、自助に続く第二のセーフティネット、互助である。

互助・共助の広がり

親類縁者や隣人など、個人や家族をとりまく水平的なネットワークを駆使して、いざという時に社会的な転落を防いだのが、長い歴史を持つ、互助・共助である。大半は非公式に臨機応変な仕方で、当座必要な金銭や食料品を貸し借りし、破損した家屋を協力して修繕し、乳幼児を預かり、身動きのままならない病人や老人を見舞い、世話した。そして、こうした史料に残らない互助の広がりの中で新たに行われたのが組織型の実践、友愛組合と協同組合である。

友愛組合

英語ではフレンドリー・ソサエティという。これは、発起人たちが、相互扶助の目的を掲げて出資を募り、これに応じた人々すなわち会員の定期的な拠出金を原資にして、会員の失業や傷病、死亡のリスクに備える自発的結社である。一七世紀末に萌芽的な組織があらわれたが、工業化に伴い、一七六〇年代頃から北部工業都市を中心にして、他の都市や農村部にも広まった。一八一五年の時点で九二万人強の会員がいた。主要な形態は次の二つである。

ひとつは、狭い地域で、病気給付、葬儀費用の支出、会食などの親睦を行っていたローカル型の友愛組合。たとえば、一八四〇年頃の北部ヨークシャの工業都市シェフィールドにあった七つの組合を分析した当時の調査によれば、会員の業種は刃物師、砥ぎ師を筆頭に七九の業種にわたっていた。幅広く労働者たちが友愛組合に入っていたことが分かる。

もうひとつは、全国に支部(ロッジやコートと呼ばれた)を張り巡らせた提携型の友愛組合。一九世紀初頭からこのタイプがあらわれた。際立ったのは、独立オッドフェロー団、マンチェスター・ユニティ、古のフォレスター団である。前二者の中心はマンチェスターで、後者の中心はリーズであった。一八七二年の古のフォレスター団の会員は三九万四〇〇〇人だった。この頃、ブリテン島には四〇七万人以上が友愛組合の会員になっていて、団体数は三万二〇〇〇以上、基金総額は一一九四万ポンドにのぼった。一八九九年の古のフォレスター団の会員数は六六万六〇〇〇人に増加したが、友愛組合全体では一九〇四年に会員数は五六〇万人になった。

とはいえ、友愛組合が万全のセーフティネットであったかというとそうでもない。一九世紀前半までは、ローカル型が多かったこともあり、ほぼ同世代の、同業種の労働者が組合を作り、リスクを度外視し連帯を重視した平等主義的な一律の給付規則を設けたため、地域に不況が襲った時、または会員が一律に加齢して一斉に受給の必要が発生した時、組合は簡単に破綻してしまった。もっとも、全国支部を有する提携型の組合は、リスクを地理的にも年齢集団的にも分散できたし、一九世紀後半からは専門的な保険数理計算を導入し、応分負担の給付規則に転換していった。だからこそ、個人主義的な形になってきつつあったとはいえ、組合への支持は強かったのである。新たな危機は、二〇世紀初頭に老齢年金をはじめとする国家福祉が整備されはじめ、存在意義が問われたときにやって来た。

消費者協同組合

イギリスが発祥で、世界的に普及した互助の組織が協同組合である。これは、出資金を拠出した者が組合員となって共同で事業を運営する団体である。卸売業者から仕入れたり自前で生産した商品を組合店舗（「コープ」）で販売し、組合員はそれらを購入することができた。その上、購入実績に応じて期末に配当金を受け取る仕組みもあって、多くの人々を惹きつけた。

一七六〇年代にイングランド南東部で最初期の例が観察され、一八〇〇年からは有名なロバート・オーウェンのニュー・ラナーク紡績工場での協同組合共同体の実験がなされていた。しかし、本格的な起源は、一八四四年、マンチェスター近郊の町ロッチデールの熟練職人二八人で結成されたロッチデール公正先駆者組合に求められる。その後の協同組合のひな型を提供した。以降、北部を中心にして、徐々に全国で協同組合が設立された。各地の消費者協同組合を傘下に置く統合団体、卸売協同組合（ＣＷＳ）も一八六二年にできたし、一八七一年には『協同組合ニュース』紙が創刊され、一九一七年には協同党という政治政党も創立された。

ＵＫ全体で一八八一年には組合九七一（組合員五四万七〇〇〇人）だったが、一八九九年には一五三一（一六二万三〇〇〇人）に増加した。一九三〇年代初頭には多少統合されて組合数は一二〇

図5　ロッチデール公正先駆者組合の店舗(上)と初期メンバー(下)

〇であったが、組合員は六五〇万になり、店舗総数は一万二〇〇〇に達し、自前の倉庫・工場を三〇〇、銀行を一行持った。

協同組合は、自由主義経済の絶頂期に産声を上げたが、案の定、多くの批判を浴びた。共同して価格や品質を管理し、購買者を囲い込むやり方は、一般の小売業者からは自由市場のルールに違反しているように見えたし、折から存在感を増してきた社会主義の脅威と結びつけられることもあった。協同組合自身、運営の民主主義を公言し、組合員の教育にも力を入れ、利潤を求める自由貿易《フリートレード》よりも、適正な生産過程と品質を重視する公正な商売《フェアトレード》を目指した。

しかし、日常の消費を間接的に支えるという独特な互助の形であったこともあり、セーフテイネットとしての効果はあまり大きくはなかった。組合費を払う余力のない人々がそもそも相当数存在しただけでなく、組合員でも、家計が逼迫してくれば、低品質だがより安価な商品を売っている一般の小売店を利用したし、逆に、組合店舗にはない商品に魅せられる場合もあった。貧者から見れば、そして短期的には、協同組合はあくまで、加入者が任意の期間、節約の便益を得られる仕組みだったのである。

なお、二〇二一年現在、国際協同組合連盟(ICA)は一一二か国一〇億人を擁する世界最大の国際NGOである。

互助の限界

自助によって生活を支え切れない人々は、互助のさまざまな回路を利用できた。右では触れていないが、一九世紀後半からは、労働組合も重要な互助の一角をなした。多くの人々が、協同組合の店舗で適正価格の商品を購入したり、協同組合の提供する講座で学ぶことができた。また、一時的な失業や怪我の際には友愛組合から給付を受けて当座の苦境をしのぐことができたし、死亡時には遺族は葬式費用を心配せずに済んだ。つまり、近代以降のイギリスの福祉の複合体の階梯の第二層にあたる互助の役割はきわめて大きかった。

しかも、当時の強固な自助イデオロギーにおいても、互助は積極的に承認されていた。スマイルズ自身、自助の究極は隣人救助であると述べており、互助団体に大きな賛辞を送ってもいたのである。互助は集団的な自助だったのだ。しかし、当時の庶民は自助と互助ですべてのリスクを乗り切ったわけではない。転落の機会は無数に存在したし、実際、転落する人は多かったのである。そこで、次のセーフティネットとなったのが、チャリティであった。

三　チャリティ

チャリティの近代的編成

前章では、中世後期から一六〇〇年頃までの救貧を五形態にまとめた。一　物乞いなどへの施し、二　ホスピタル・私設救貧院への収容、三　兄弟会の活動、四　教区での萌芽的な制度的救貧、そして五　隣人や王侯貴族によるチャリティである。また、一五三〇年代からのイングランド宗教改革によって、カトリック教会と結びつくチャリティは下火になり（「聖」から「私」・「公」への移行）、一六世紀末から一七世紀初に本格的に教区救貧が「救貧法」として法制化され（「私」から「公」への移行）、一七世紀のチャリティの主軸は、主に私人が遺産で設定する基金型の慈善信託となったこともすでに説明した。それでは、一八世紀以降のチャリティはどのような姿をしていたのであろうか。五つに分けて説明してみたい。

慈善信託

第一は、一七世紀から引き続き、慈善信託である。一七八八年、イングランドとウェールズには年間収入五二万ポンド相当の慈善信託が存在した。一八三七年の調査では数も分かり、二万八八八〇もの慈善信託が年間収入一二〇万ポンドを生み出していた。一八五五年の『タイムズ』紙には「イングランド人が自国を誇りに感じる多くの想いの中でも、巨大で数多く、潤沢な慈善信託よりも愛国的な満足感を覚えさせるものはそうそうない」とある。一八七六年にはさらに三万七〇〇〇(年収入二二〇万ポンド)に増えているが、その目的別の年間支出額の比率は次のようになっている(一七世紀のデータと比較してほしい。三九―四〇頁参照)。

もっとも多いのが、私設救貧院の運営、物資・金銭の配給、医療施設からなる「救貧」で、全体の四七・六％を占める。次に、初級学校やグラマースクールなどの「教育」が二九・四％、(国教会の)教会・聖職者の維持と説教の提供、および非国教関連の同種の項目からなる「宗教」が一一・八％と続く。そして、徒弟になるための支度金の提供や事業を始めるための融資などの「社会支援」が三・九％、公的救貧の費用補塡やその他の公共的用途からなる「自治体支援」が五・九％であった。一七世紀と比べると、「救貧」と「教育」でかつて六三％だったものが一九世紀後半には七七％に上昇していて、「宗教」の比率は半減している。

図6　聖クロス・ホスピタル
現在も養老院として機能しており，居住者がいる．

慈善信託の基金は半永久的に維持され、これを設定した故人――男性も女性も――の遺志が尊重されるため、安定的に所期の目的を続けることができた。全国津々浦々に、都市部にも農村部にも、地元の富裕者の設立した慈善信託があったといって過言ではない。

他方で、硬直的になりがちで、地域に需要のなくなった救貧事業が無意味になされたり(目的変更は最小限度でしか認められなかった)、受益者の不在や基金収益の増大を良いことに余剰金を受託者が既得権益のように見なして横領するといった不健全運営もしばしば指摘された。ウィンチェスターに現存する養老院、一二世紀に起源を持つ聖クロス・ホスピタルをめぐる一九世紀半ばに起きた院長のスキャンダル事件は有名で、これに想を得た小説『慈善院長』(一八五五年)が、当代の人気作家アンソニー・トロロープによって書かれた。

篤志協会

一八世紀以降現在に至るまで、イギリスのチャリティのうちもっとも目立つのは篤志協会（自発的結社）型である。一七世紀末まではこの種のチャリティは存在しなかった。故人の善行への遺志を基金化した遺産で実現する慈善信託と、篤志協会は顕著な対照をなす。発起人たちが目的を掲げて寄付を募り、主にその寄付金に立脚して柔軟に方針を微調整しながら運営する。

自発的結社自体は、一六世紀末の古事物愛好家協会を嚆矢とし、一八世紀には英語圏全体で、校友会や芸術家協会、討論クラブに政治団体、文芸協会、科学・哲学協会、狩猟クラブ、フリーメイソンなど一三〇種、二万五〇〇〇団体を数えたという。

チャリティを目的にする自発的結社、篤志協会は名誉革命後の一七世紀末頃から「道徳改革」熱の波に乗り、各地で設立されるようになった。協会の権威付けのため、王や王族、そして爵位貴族や著名人に、パトロン、会長、副会長職を引き受けてもらい、主として中間層・中産階級からなる男女の寄付者すなわち会員（年会費《サブスクリプション》を支払っている人と一括寄付《ドネーション》をした人が寄付者すなわち会員を構成する）から選出された運営委員会・会計役が、毎年の寄付収入に基づいて運営を差配し、有給の専従者である書記（事務局）が実務を差配する。社会の階層秩序のミニチュアが、ここに再現されていた。

前年度の成果は収支決算を含めて年次総会で報告され、次期役員の選挙が行われ、寄付者名簿を付した年次報告書の内容が、次年度の寄付をするかどうかを左右した。たとえば、一七八五年創立の寄る辺なき人の友協会は、ロンドンおよび近郊に暮らす貧者の慰問と生活・道徳指導および物質的救済を行った団体だが、一八一五年、六九七五件の対象（大半は家族）に対して、担当領域ごとに設置された地区委員会の任命する合計三〇〇人近いボランティアの訪問員が、三万四五〇〇回以上訪問し、二八九六ポンド分の援助を実施した。

このようなタイプのチャリティは一八世紀から増加し、ロンドンでは一八世紀末に七四、一八一〇年に一三〇、一八四四年に三三二、一八六二年には五二九、一九世紀末には一〇〇〇以上になった。地方の都市部でも叢生し、一九世紀にはミドルクラス文化の華であった。展開した救済の種類を五つに分類して紹介してみたい。一八五二―五三年におけるロンドンの篤志協会三五六団体とその年収入総額一五〇万ポンドをもとに、規模の分布を示すと次のようになる。

もっとも数が多いのは、先に挙げた寄る辺なき人の友協会や、浮浪者のためのシェルターのような物質的精神的救済を提供する「救貧」で全体の四二％、収入比は一五％であった。

続いて、「医療」部門は、治療《キュア》にシフトした慈善信託型の病院と並び、病気治療全般を行い、入院、通院、往診、手術、施薬などを基本的に無料で提供する病院施設と、眼や肺といった部位に特化したり、転地療養や同毒療法など療法に特化したり、出産・看護だけを行ったりといった専門施設の二本柱からなるが、これが数の上では二六％、収入比は一八％であった。

三番目に位置するのは、国内の教会の拡充を目指したり、海外宣教を目的とした団体からなる「宗教」で、数は一六%。特筆すべきは収入比で、実に全体の五二%に達する。海外に宣教師を派遣し、現地に教会や学校や病院を建て、それらを維持するがゆえに資金需要は大きく、身近に影響のない弱者の救済を行えることもあって、人気は高かった。

図7　ぼろ服学校の光景
貧困家庭の子どもや孤児，浮浪児などを集めて教育を授けた．1844年に第7代シャフツベリ侯爵が始め，全国に広がった．

四番目に来るのは知識・教養や技能・職能を提供する、貧者向けのチャリティ学校や名高いぼろ服学校、そして訓練施設などを指す「教育」で、数は一三%、収入比が一四%であった。

最後に、海難救助や動物愛護(動物虐待防止協会は一八二四年に創設された。なお、子ども虐待防止協会は遅く、一八八九年設立)などの「人道」は全体の三%、収入比は一%にすぎなかった。ただし、この項目は、二〇世紀以降、海外伝道熱が変質し、国内の教育や救貧および医療に国家が介入の度を強めてくるに従い、相対的にも絶対的にも存在感を増していく。

慈善信託に比べ、柔軟性が高い篤志協会は、時代のニーズに敏感に応え、全国的に数を増していった。他方で、いかに意義のある目的を掲げていようと、寄付者の心をつなぎ留めなければすぐに収入が減少し、運営が立ち行かなくなる。流行り廃りの影響も被りやすい。慈善信託は原則として存在をやめることはないが、篤志協会は、しばしばなくなった。倒産で淘汰される私企業のごとく、新陳代謝が起こっていたともいえる。

互助支援

友愛組合やその他の一見互助的な団体の中には、チャリティとして運営されているものが少なくなかった。有力者や富裕市民が当該互助団体を財政的に援助し、運営の指導を行うのである。一八三四年にロンドンで設立されたコミュニティ友愛組合は、会員からの寄付によって、「協同の諸原則に基づいて」、「病気、若年、失業、老齢、死亡またはその他の自然的な状態や不測の事態に陥った会員、その妻、夫、子ども、親類ないし指名された人々の相互的救済および扶養を行う」ことを目的に掲げた。基本的に、一般会員が収入に応じた拠出金を毎週払い込み、支援の必要が生じたときに申請して給付を受ける。ここまではたしかに友愛組合である。しかし、年会費一ポンドを支払っていたり、一括で一〇ポンド以上を払い込んだ人は「名誉会員」とされ、被給付権を失った。つまり、この友愛組合の持続的発展を弱者救済の一環として支援する人々が、最初から制度的に組み込まれているのである。

また、一七九八年から活動している、少年のための王立《ロイヤル》メイソン協会（篤志協会がしばしば冠する「王立」とは「王室公認」程度の意味）も、フリーメイソン団員が会員として拠出金を出し、本人が物故したとき遺児を救済するという互助的目的を掲げているが、実質的には富裕な団員によるチャリティであった。その他、友愛組合や共済会といった名を付けているが、会員以外に救済の手を差し伸べる組織もあった。これらも、チャリティの一種として分類できる。

労働者や貧者の間での互助は、チャリティの主要な担い手であるミドルクラスや富裕者層にとって、愛憎半ばする行為だった。友愛組合は一八世紀末から一九世紀前半にかけて、しばしば、当時違法であった労働組合の隠れ蓑だとみなされていたし、彼らの連帯は外部からの介入を困難にすると考えられた。しかし、彼らが互助の仕組みを発達させることは、その段階で社会的な転落が押しとどめられるということをも意味し、その場合、ミドルクラスらが寄付金を出しているチャリティや、税で支えている公的救貧への負担が軽減される。そのことが、互助を支援するチャリティを発展させた。量的な実態は慈善信託や篤志協会ほど知り得ないとはいえ、一つの構成要素を成していたことは確かである。

図8　落穂拾い
貧しい母子が落穂を載せたそりをひく(右). 落穂を抱えて家路につく家族(左).

慣習

明確な起源も規定もないが、長期間にわたり地域共同体で定期的に実践されてきた慣習的なチャリティも、重要なインフラを成していた。収穫後の小麦畑に地域の未亡人や困窮した老人たちが入り、落穂を拾うことを許す慣習は、旧約聖書に根拠が求められ、各地で長らく、広範囲に実践されてきた。一七九九年のノーフォク州の農村のある貧しい家族の年収は二六ポンドだったが、そのうち妻の落穂拾いによる収入は一四シリング(二・七%)であった。同じころ、サセクス州の貧しい家族の年収は約二八ポンドで、妻の落穂拾いの貢献は一ポンドであった(三・六%)。この追加収入の有無は、家族の生活の質を左右したであろう。次第に落穂拾いは私的所有権をたてにとる農場主側から認められなくなっていくが、それでも二〇世紀に入ってもなお、各地で行われた。

その他、古くからのキリスト教の祝日と結びついた多くの慣習的チャリティがあった。たとえば、「聖トマスの日」の「トマシング」慣習はいくつもの土地で一九世紀末まで観察されている。ダービー州（一八七四年）では、「この慣習はいまだに十二月二十一日の朝に行われて」いた。トマシングを要求する者は「たいてい彼らはひきわり粉、りんご、ベーコン、ジャガイモやミルクをもらい、そういう贈り物をいれるため、ズックの袋とブリキ缶を持って」いた。スタフォード州（一八九四年）では、かつて「老女たちがみな赤い外套を羽織っていた頃」、「十二月のある朝、薄明のうちに、腰の曲がったよぼよぼの一団が、家々をまわって子どもみたいな甲高い声で次のうたを歌っている光景がよく見られた」という。ヨークシャ（一八七九年）のウェスト・ライディングでも、「《トマシングに行く》という慣習が行われていて、未亡人たちが農家に少しばかりの小麦を求め、手に入れていた」。

慣習的チャリティは、直接的な物質的支援以上の機能を果たしていた。すなわち、共同体の紐帯の維持、貧しい民の側の正義と支配層の正義の再確認である。貧者の期待に富者が応えるという身振りが半ば儀礼化している点に、慣習的チャリティの特性は認められる。

個人のチャリティ

以上の四つの形態はいずれも組織ないし集団を基盤としている。それに対し、すべてのチャリティの基礎にあったのは、個人が組織を介さず、共同体慣習の外側で為す救済実践であった。

戸口に来たり往来で見かけたりした物乞いに小銭を与える、近隣の貧困家庭の子女へ財政支援を申し出る、大地主として折々に村人を饗応する、使用人の老後の面倒を見る、縁の薄い知人から届く窮状を述べ無心を求める手紙への返信に小切手や紙幣を同封するなどである。これも、互助支援型と慣習型と並び量的には把握が不可能であるが、慈善信託にせよ、篤志協会にせよ、この基層があってはじめて展開したことは論をまたない。

チャリティのモザイク

自助と互助の次に来るセーフティネットであったチャリティのバラエティはかくも豊かであった。量的に見ても、次に説明する公的救貧よりも金額的には多くを費やしていた。これの提供する社会インフラが、多くの人々の転落を受け止めた。慈善信託は、病院や学校の他、身寄りのいない老人に私設救貧院（養老院）の部屋を提供できたし、篤志協会は、稼ぎ手が失業している貧困家庭に当座をしのぐ物的支援を行い、怪我を負ったり病気を患ったりした労働者に無料の医療を施し、日曜学校など、子弟のための学校を運営した。自力では持続可能ではない労働者たちの友愛組合を支え続けた篤志家もいれば、慣習チャリティは、物資払底時の冬場に、農村の貧しい労働者家族が一息つけるような給付を行った。また、日々なされる個人の施しによって、通りに大勢いた物乞いは飢える手前で小銭や食べ物にありつくことができた。

受け手ではなく与え手に目を向けてみると、彼らは巨額の資産を持たずとも、つまり慈善信託を設定できるほど裕福でなくとも、定額の会費を払って組織チャリティに参画し、声を反映させることができるようになった。前近代に比して変化のスピードが増した社会の中で、相次いで浮上する新たな「悲惨」に敏感に即応したチャリティを始めることができた。ひとつのチャリティに全精力を傾けるのではなく、いくつかの組織に、関心を持っている間だけ、寄付できるのも魅力であった。自分の住むコミュニティをよくしたい気持ちを満たすことができた。

チャリティを受給したい人々が膨大に存在し、同時に、かれらを救済したい人々も多くいたことが、かかる活況を可能にした。近代社会が構造的に弱者を次々に生み出していくからそうなったというだけでなく、もうひとつ、この活況を説明するイギリスならではの事情があった。それが、近代の福祉の複合体の最後のセーフティネットを構成する公的救貧の制度である。貧者もチャリティの与え手も、公的救貧の利用をできるだけ避けようとしていた。これが自助（や互助）のイデオロギーと響き合い、また、チャリティへ向かうベクトルを太くしたのである。

国家もチャリティを重要な社会制度として特別視した。一九世紀、国家は慈善信託の収入、つまり基本財産からあがる地代や配当を、所得税から免除した（もっとも、篤志協会などへの一定の条件を満たす寄付に対する所得税控除は、一九二〇年代に初めて認められた）。地方税に関しても、一九世紀後半まで、課税対象から除外されていた。同じ一九世紀、宗教と結社を警戒するフランス歴代政府が私的になされるチャリティの振興をどちらかというと阻害していたのとは対照的である。なお、二〇〇〇年からはあらゆる額の寄付が控除対象となるなど、現在でも、チャリティに対してさまざまな税制優遇がなされているが、それだけがチャリティが盛んな理由ではないというのが、本書の立場である。

四　公的な制度

公的救貧の整備

前章で記した通り、一五九八年と一六〇一年のエリザベス救貧法(公的救貧)は、同じ一六〇一年に制定されたチャリティ用益法(私的慈善)と両輪となり、以後三五〇年にわたり、近現代イギリスの弱者救済の根幹を形成した。非常に早い時期から、狭い地域単位ではなく全国規模で斉一に制度が施行された点が重要である。ヨーロッパの他の国々ではまず見られない現象である。公的救貧は、救貧法と他の二つの法律の組合せによって出来上がっていた。その相補的なメカニズムを論じ、福祉の複合体の第四の最後のセーフティネットの姿を描いてみたい。

救貧法

救貧法は、労働不能者を教区で徴収される救貧税によって救済する仕組みであった。救貧実践は地域や時代に応じて偏差が大きく、在宅支援を主とするところもあったが、公設の救貧院への入所を条件とするところもあった。総じて、伝統的に経済的に豊かなイングランド南東部では相対的に手厚い救護がなされた一方、新興工業都市が叢生し貧困者の人口が突出して多かった北西部では酷薄になりがちだった。

一八世紀末から一九世紀初頭にかけて、工業化やフランス革命・ナポレオン戦争とその余波がもたらしたひずみによって窮乏化が進み、救貧税負担が大幅に重くなったことを受け、一八三四年には改正救貧法が制定され、これにより、救貧税を徴収したり救済したりする範囲は、教区ではなく、イングランドとウェールズの全教区一万数千を約六〇〇にまとめた教区連合に再編された。さらに、改正救貧法は、救貧税負担を極力抑え込むため、原則として在宅ではなく救貧院での救済(院内救済)を掲げ、しかも、院内での待遇は院外(在宅)での生活水準を下回るように定めた(劣等処遇)。

これにより、潜在的な救貧受給者は、相当な覚悟がなければ公的救貧を申請できなくなり、自助・互助を模索し(友愛組合の加入者数が急増するのは改正救貧法の制定直後であった)、これが無理だとしてもチャリティに活路を求めた。担税者もまた、貧困者がなるべく自助・互助・チャリティの三層のセーフティネットでとどまるよう願い、そのためにこそ、自助のイデオロギーを説き、互助を推奨し、チャリティに熱心に取り組んだ。

定住法

二つ目は、一六六二年に初めて制定され、その後何度か改正されつつ、一貫して救貧法を補完した定住法である。救貧法は当初、教区内の極貧者の救済を定めていた。しかし、豊かな税収が見込まれる教区に貧者が流入する（乏しい税収しかない教区が貧者をそちらに追い出す）事例が頻発し、不公平感が増してきたことを受け、一六六二年法により、すべての民はいずれかの教区に定住権を持つこととなった。定住教区は一種の戸籍地であり、定住権とは、そこでの被救済権を意味した。それゆえ、原則として、どこで窮乏化したとしても、当該人物の救済責任は定住教区にあることとされた。定住教区は当該人物を強制送還してもらうかこちらから送金するかして、救済する義務を負った。

以後は、定住権を得るための居住年数の要件や、定住権を得る範囲の拡大（教区から教区連合へ）といった改革がなされたが、基本線は変わらなかった。定住法により、健全な市場の条件たる人の自由な移動が促進されたのか阻害されたのかについては、後者の立場から厳しく批判するアダム・スミス以来、論争が続いている。

救貧法と定住法の組合せによってどれほどの救済が実現したか。一八五〇年の統計によると、一日平均院内救済者一二万三〇〇〇人、院外救済八八万五六〇〇人であった。先に、一八三四年の改正救貧法は院内救済の原則を掲げたと述べたが、実態はそれには程遠かった。

浮浪法

救貧法と定住法は、定住志向のある貧者を対象にしている。他方、前述したように、一五三〇年代頃から、浮浪者は社会問題になってきた。一五三一年に制定された浮浪法以来、身体的に労働可能であるにもかかわらず働かない「怠惰」な貧者は浮浪者とみなされ、晒刑や笞刑などの処罰を受けた上、就労を強制されることになった。定住法が制定されてからは、処罰の上、定住教区へ送還された。改正救貧法が施行されてしばらくしてからは、救貧院内に浮浪者の一時宿泊区画が設けられるようになった。いわば、救貧法と定住法で取りこぼした貧者を掬《すく》い取る役割が、浮浪法にはあった。

ただし、浮浪者数は当時も今もはっきりとは把捉できない。一八〇三年、パトリック・カフーンは物乞いや浮浪者の数を約九万人と見積もった。一八六八年四月一日時点で警察が把握している浮浪者は三万六〇〇〇人だった。一九〇六年の議会報告書は、浮浪者は三―四万から七―八万の間だという曖昧な推定値を記している。

スコットランドとアイルランドの公的救貧

ここまでは、主としてイングランドとウェールズの公的救貧を見てきた。スコットランドとアイルランドは、その歴史的経緯からして異なる救貧の仕組みを作り上げてきていた。一七〇七年まで独自の議会を持っていたスコットランドは、長老派が国教であったこともあり、極貧者の救済は教区単位で税およびチャリティによって賄っていた。税にもっぱら依存するようになるのは一八四五年法以降のことであるが、労働可能貧民は最初から対象外であり、救貧院は教区が任意で設置すればよいということで斉一には存在しなかった。ただし、定住法はあった。とはいえ、困窮した貧者はスコットランド内の別の場所へ移動して依存するよりも、より豊かなイングランドへ流れることを選好したであろうと思われる。

アイルランドも、イングランドによる支配を強く受けていたとはいえ、一八〇〇年までは独自の議会を持っていた。救貧は主にチャリティに依存していたが、一八四七年の法律が制定されてから、イングランドとウェールズの公的救貧の方式が本格的に採用された。ただし、定住法はなかった。そのため、イングランドやスコットランドや他の移民先への脱出がオプションとして浮上してくることになる。

つまり、アイルランドとスコットランドの困窮者の多くは、イングランドあるいは海外(イギリス帝国の影響圏)に移民した。しかし、彼らはイングランド内の教区に定住権を有していないので、公的救貧の受給資格を持たない。彼らは最後のセーフティネットの外側に位置付けられていた。自助、互助、そしてチャリティまでが、利用可能なセーフティネットであった。

国家福祉へ

公的救貧は、担税者が目前の(往々にして怠惰に見える)貧者を支えることにまつわる諸負担を嫌うことから、現代の基準で「福祉」というには低い水準にとどまり続け、しかも、独立自助のイデオロギーと完全に抵触する「依存」の象徴として、受給者は社会的なスティグマ(負の烙印)を刻印され、さらに、多くの場合、公的救貧の受給歴はチャリティへの申請資格を喪失させたから、潜在的な受給者も基本的には忌避し、チャリティまでのセーフティネットにとどまろうという心理的機制が働いた。

一九世紀後半から、次第に貧困を個人因に帰するのではなく、社会・環境に求める考え方が普及してくる。そのクライマックスが、一九〇六—一四年の自由党政権下で行われた国家福祉を進める一連の改革、リベラル・リフォームである。一九〇八年の老齢年金法は、年収二一—三一ポンド一〇シリングの七〇歳以上の老人に週一—五シリングを給付することを決めた。翌年には職業紹介所制度が法制化され、低賃金の規制も始まった。そして、一九一一年の国民保険法により、国、雇用者および労働者が掛け金を応分負担した原資に基づいて、疾病と失業に対する給付が始められた。救貧法は最後の頼みの綱として残り、一九三〇年には公的扶助へと名称が改められた。

第二次世界大戦中の一九四二年、欠乏、疾病、無知、不潔、怠惰を五大悪として指弾するウィリアム・ベヴァリッジの報告書『社会保険と関連サービス』で青写真の示された福祉国家のプランは、一九四四年の教育法（公立中等教育の無償化など）、一九四六年の国民保険法（失業保険、疾病保険、母子手当、老齢年金、寡婦年金、葬儀補助）と、既存の医療施設を統合し、医療の無料化を定めた国民保健サービス《ナショナル・ヘルス》（NHS）法で実現し、一九四八年には国民扶助法によって残存するすべての救貧諸法は廃止され、かわりに生活保護的な給付がなされることになった。すべての国民が享受できる「最低生活費保障原則《ナショナル・ミニマム》」が達成されたのである。

五　福祉の複合体の働き

ここまで、一九世紀を中心として一八世紀から二〇世紀前半までのイギリスにおける「福祉の複合体」を描いてきた。《自助―互助―チャリティ―公的救貧（国家福祉）》という重層的セーフティネットは、世界のあらゆる地域でいつでも観察可能なものかもしれない。しかし、解説してきた通り、この複合体はきわめてイギリス的な、独自の内実を持っていた。

自助イデオロギーの早期の発現や互助の組織の充実、そして斉一的な公的救貧という最後のセーフティネットの存在はどれも独特であるが、とりわけ、チャリティの分厚さは特筆すべきで、あたかもイギリス社会の錨のように、自助と互助を支え、公的救貧の負担を軽減して、近代という大波による個人的、社会的な潜在的破綻の危機に抗っていたのである。本章冒頭の仮説――近現代イギリス史に通底する変わらない諸要素のさらに基層部分に、イギリスをイギリスたらしめたチャリティの存在があるのではないか――を提起した理由はここにある。

具体的なセーフティネットの働きを描いてみよう。寄る辺なき人の友協会の一八一六年の報告書に、ある救済事例が掲載されている。ロンドンのウェストミンスター市セント・ジェイムズ地区マーケット小路二十五番地に、モースという姓の貧しい女性がいた。訪問員が訪ねた時、彼女は双子を産んだばかりだったが、その四か月前から四肢に麻痺がでて杖なしでは動けず、床に臥せっていた。醸造所の労働者である夫は病気で寝込んで八週間になっていた。双子の他に四人子どもがいて、うち一人が近所の煙草屋に働きに出て週四シリング――家族の生存には到底足りない額――を稼いでいた。このように、モース家はもともと自助ができていたが、夫の病気でピンチに陥り、子どもを働きに出して生計を維持しようと苦闘していたのである。

モース家は互助のセーフティネットにも頼った。夫は病講《シック・クラブ》という一種の友愛組合に加入していた(しかし、加入歴が浅く、まだ受給資格が得られていなかった)。そして、「ある貧しい隣人からときどき無償で受けた援助」もあった。とはいえ、モース家が利用できた互助のネットワークはそれだけだった。

結果、寄る辺なき人の友協会にすがることになった。もし訪問員が来なければ、モース家は社会的差別を伴う公的救貧に頼るしかなかったであろう。公的救貧が十分であることはまれであり、早晩子どもたちは年季奉公に出され、夫婦は住居を追い出され、別々に救貧院に収容されることになったかもしれない。教育を受けずに親の庇護も得られない子どもたちを待つ運命は、最悪の場合は早期の死、低賃金労働者としての不安定な一生、あるいは路上での浮浪や、売春、犯罪だったろう。もっとも、チャリティを受給した後のモース家がどうなったかは分からない。幾重にも張り巡らされた福祉の複合体のセーフティネットも万能ではなかった。

それでは、近現代のイギリスにおいて、チャリティはどのような役割を果たしたのであろうか。本書のライトモチーフである三つの気持ちにも注意を払いつつ、以下の三つの章で詳述してみたい。一八世紀から現在までの時間の流れに沿って、第三章では、一八世紀後半から一九世紀末にかけての近代イギリス社会に先駆的にあらわれた自由主義経済にまつわる問題を、第四章では、一九世紀から二〇世紀前半に焦点を合わせ、帝国やその外部に視野を広げて海外支援ないし国際人道支援の問題を、そして第五章では、二〇世紀に展開した福祉国家化にまつわる問題を、追究していきたい。

第三章　自由主義社会の明暗——長い一八世紀からヴィクトリア時代へ

一　市民社会の台頭と、有用な弱者の救済

市民社会の時代

名誉革命を経て、イギリスでは、市民が主役となる都市社会がそこここで成長を遂げていく。商業や金融業や産業で財を成した富裕層から、大小さまざまな店舗を構えて商売に勤しむ人々、法曹や医業で身を立てる者、出版者や聖職者、教育者に至るまで、中流層《ミドリング・ソート》（一九世紀以降は中産階級《ミドルクラス》）は地域の経済のみならず、政治や文化の分野でも存在感を急激に増してきた。運河や有料道路、街路や水道、街灯、港湾、橋といったインフラも、多くはかれらが結社を組み、資金を集め、建設・運営・維持を担った。また、文芸協会や哲学協会のメンバーとなったり、気に入りのコーヒーハウスやクラブに出入りしたりして、古典から小説、新聞、時事評論にいたる豊かな文字メディアを積極的に摂取した。

その家族もまた、生活必需品以外にも流行の衣服や食器、ピアノやペットなど多くの商品を購買し、趣味を向上させ、そのことが翻って都市の魅力と格を高めていった。そして、同じくらい熱心に取り組んだことが、篤志協会や慈善信託を介した救貧であった。自分の住む都市共同体で、弱者が適切に救われているようにすることは、都市景観やアメニティの整備と同様、自尊心をくすぐる課題だったのである(古代の人々のチャリティ的行為の動機と通ずる)。

ここで注意を促しておきたいのが、チャリティと宗教・宗派の関係である。一八、一九世紀のイギリスでは、体制教会である国教会の信徒を筆頭に、長老派や会衆派、メソディストやバプテスト、クエイカーなどといった非国教徒が、それぞれの信仰集団ごとにチャリティを実践し、また、宗派の別なくある大義に結集して慈善事業を遂行した。一八世紀の後半から一九世紀の後半までは、「福音主義」的な信仰(人の罪を贖うために十字架で死んだキリストの言葉――福音――を根幹に置く、人間の罪業への自覚に立つ厳しい信仰)が強く支持されていたため、なおのこと、見返りを求めない善行は推奨された。

ただし、キリスト教にすべてを還元する議論はあまりに単純なので、本書では、与え手の宗教的帰属よりも社会的背景を、宗派の特色よりも活動内容に、注目したい。宗派の問題は、帝国におけるチャリティを考える際に再論する。

それでは、彼ら与え手にとって、「弱者」とは誰であり、どのような救済が「適切」だったのか。本節では、近代イギリスと切り離せない三つの側面からこの問いに答えてみたい。私たちが漠然と想定する「貧者」とはかならずしも一致しない弱者の姿、私たちが常識的に信じているのとは異なる「適切」さの基準が浮かび上がってくるだろう。

女性を救う

一七七〇年の年次報告書の中で、「在宅で貧しい既婚女性の分娩を助ける産科チャリティ」という団体は、一七五七年の創立以来、一万二四四七人の女性のもとに助産婦を派遣し出産を助けてきたと自賛した。女性を産褥死から、そして赤ん坊を死産などから救うこの協会の目的と動機は、普遍的な人類愛や弱い存在である女性や子どもへの憐みの気持ちというよりも、現在から見ればかなりドライな、実利的なところに存していた。報告書にいわく、(家族を構成して労働力を提供し自助に励む)「勤勉な貧民」は「コミュニティの支柱」なのだ。それゆえ、「彼らの生命や健康の保全につながる方策」は、「全般的な効用」つまり実利であり、「社会にもたらされる特別な利点」をなすのである。

　このように、貧者を国力の源泉を成すマンパワー、すなわち勤勉な労働力とみなして、次代の労働力を文字通り「産出」する貧しい既婚女性(未婚女性ではない)に手を差し伸べるチャリティは、一八世紀半ばから数多く設立された。一七三九年創立の捨て子養育院や一七五六年にできた海洋協会はどちらも、母親による養育がかなわなくなった身寄りのない子どもを預かった団体で、現在まで続いているが、主たる目的は、(結果的には母親を救うとはいえ)マンパワーの形成にあり、とくに後者は海洋国家イギリスに資する人材、船乗りの養成に力を注いだ。

ヨーロッパ主要列強が、貿易黒字を国力の指標とみなして自国の産業保護と市場の獲得に邁進した一八世紀の背景を踏まえて、これらを「重商主義的フィランスロピー」と呼ぶ研究者もいる。たしかに、王立産科チャリティ(一七五七年)、総合産科病院(一七六五年)、サリー

To all to whom these Presents shall come.

Whereas our Sovereign Lord the King hath been graciously pleased to take into His Princely and tender Consideration the deplorable Case of great Numbers of Newborn Children daily exposed to Destruction, by the cruelty or poverty of their Parents, and having by His Royal Charter bearing date the 17th day of October 1739, constituted a Body Politick and Corporate, by the Name of The Governors and Guardians of the Hospital for the Maintenance and Education of exposed and deserted young Children; which Corporation is fully impowered to receive & apply the Charities of all compassionate Persons who shall contribute towards erecting & establishing the same. And Whereas His Majesty for the better & more successful carrying on the said good Purposes, Hath by His said Charter granted to the said Corporation and their Successors full & ample Power to authorize such Persons as they shall think fit to take Subscriptions, and to ask and receive of all or any of His Majesty's good Subjects, such Monies as shall by any Person or Persons, Bodies Politick and Corporate, Companies and other Societies be contributed and given for the Purposes aforesaid. Now know Ye that We the said Governors & Guardians being well assur'd of the great Charity & Integrity of and that greatly desire the Success & Accomplishment of so excellent a Work, Have by Virtue of the said Power granted to Us, authorized & appointed, and by these Presents Do authorize & appoint the said to take Subscriptions and to receive gather & collect such Monies as shall by any Person or Persons, Bodies Politick & Corporate Companies & other Societies, be contributed & given for the Purposes aforesaid, and to transmit with all convenient speed, the Monies so Collected and Received, into the Bank of England for the use of this Corporation, And the Receipt for the same to our Treasurer for the time being, Together with the Names of the Contributors, except such as shall desire to be concealed, and in that Case to insert the Sums only, in order that We the said Governors & Guardians may be enabled from time to time to Publish perfect Accounts of such Benefactions. Given under our Common Seal the Day of 17

By Order of the said Governors & Guardians.

図9　捨て子養育院が出した寄付金集めの委任状(1739年)
中段の空白部に委任した集金人の名を記入し，コーヒーハウスなどに掲示した．有用な技能を身につけた子どもたちが養育院から出てくる光景が描かれる．

施療院《ディスペンサリー》（一七七七年）など、この時期にロンドンで設立された出産支援チャリティは多い。しかし、ナポレオン戦争が終わった後にも、つまり国の経済方針が重商主義から自由貿易主義へ転換していった時期にも、同種の篤志協会は次々に新設された。アデレード妃記念産科病院（一八二八年）、王立ピムリコ施療院《ディスペンサリー》兼産科チャリティ（一八三一年）などである。一八世紀にできたものも含め、多くはヴィクトリア時代を通じて、あるいは二〇世紀以降まで存続した。

これらに共通しているのは、未婚ではなく既婚の女性の出産支援である。マンパワーの増進だけが目的ならば、当時少なくなかった未婚女性の出産も対象に含めてもいいところだが、この種の団体は、あくまでも貧しいが真面目な、規範を逸脱しない、既婚女性にこだわった。「ヴィクトリア時代的道徳」と呼ばれる価値観が、女性救済の現場にも強く作用していたのである。そのことを別種のチャリティから例証してみよう。

首都ロンドンの公衆道徳の向上を目的に掲げたガーディアン協会が一八一二年に発足した。目的は、第一に「首都の往来に出没する破廉恥な女たち」すなわち売春婦の数を減らすか往来から隠すことによって、「軽率な輩」が誘惑に屈して美徳の道から踏み外さぬようにすること、第二に、困窮し、更生を願う売春婦に避難所と救済を与えることである。この論調から明らかなように、ガーディアン協会は表向きは売春をしている女性たちの救済を謳うのだが、発せられているメッセージの核心は、危険な娼婦がまじめな男性を堕落させることのないように、彼女たちを閉じ込める（そこで更生を促す）ところにあった。善良な男性を守るために、転落した「罪深い」女性の更生を追求するのである。

女性は貞淑たるべき存在、売春をする側は加害者、買春をする側は被害者、という価値観は、実際には既婚、未婚問わず男性側の大きな需要があるから、貧しい女性によって否応なく「選ばれる」仕事である、という現実を覆い隠す、ヴィクトリア時代的道徳として機能した。

とはいえ、道徳的に正しい女性であれば、右の「罪深い」女性のような社会的転落を経験せずに済むというわけではなかった。貧しい既婚女性は夫の失業といった外在的な理由で家庭の存続が危ぶまれる事態に遭遇したし、自らの妊娠出産は文字通り生きるか死ぬかの問題であった。また、中流の家の出であっても、また、中流の家に嫁いだとしても、稼ぎ手である家長の事業失敗や突然の死によって転落する危険は遍在していた。

金銭のために労働することを期待されていなかった層の女性——品位ある《リスペクタブルな》女性——がその品位の格を落とさずに就くことのできる職は限られていた。一九世紀の前半の時点では、ごく小規模な私立学校の経営者あるいはそこの教師、そして、ガヴァネス（基本的に住み込みの家庭教師）がほぼ唯一の機会であった。一九世紀後半以降は教職に加え、看護職とソーシャルワーカー職が可能な就職先として一般に認められた。なお、より下の社会層に属する女性たちの就職の機会は、家事使用人《サーヴァント》やお針子などを筆頭に、もっと多様であった。

一八四三年に設立されたガヴァネス慈恵協会の活動を検討してみたい。ガヴァネスは、「レディ」が生計の資を得るために就いてもその品位《リスペクタビリティ》が失われない職として社会通念上、認識されていた。ガヴァネスを雇うのはミドルクラス以上の裕福な家庭であることが一般的であり、その子女への教育が仕事であったから、一定の教養——歴史や地理の知識などのほかにもフランス語が出来たりピアノが弾けたりすること——は必須であった。つまり、ミドルクラスの出自で、ふさわしい女子教育を受けた女性だけが、ガヴァネスになれた。

図10　リチャード・レッドグレイヴ「ガヴァネス」(1844年)
裕福な家の娘たちの家庭教師をして生計を立てざるを得ない女性の悲哀がにじむ.

　一九世紀の半ばは、豊かなミドルクラスが社会の中核として力強く活躍していた時代なのだが、ガヴァネスが大量に供給され、しかも困窮してしまう、特殊な事情があった。まず、家長の長患いや早すぎる死、事業の失敗が家族全員の没落を招くことは稀ではなかった。また、人口動態的に、女性は男性よりも多く（一九世紀後半、およそ男性一〇〇〇人に対して女性は一〇四〇—一〇七〇人）、そのことがミドルクラスの結婚市場における女性余りを生み出した。

これらの要因が、ミドルクラス以上の家庭において、女子には家庭教育（あるいは女性教師が経営する小さな私立女子校での教育）のみをほどこす――男子は家庭教育からやがて中等、高等の学校教育へ接続する――という規範が一般化したこととあわさって、ガヴァネスの需要を生み、それ以上にガヴァネスにならねばならない女性の供給を生み、こうして供給過剰と低賃金という過酷な状況が作り出された。しかも、長年働き続けたとしても、多くのガヴァネスは、満足な貯蓄もできず老いて職を退いた後、生計の手段を持たなかった。

ガヴァネス慈恵協会は、仕事が切れて困窮に陥ったガヴァネスに一時的な援助をしたり、求職中のガヴァネスに宿泊所を提供したり、就職先を斡旋したり、五〇歳以上の自活不能な単身者の元ガヴァネスに年金を支給したり、老齢の元ガヴァネスのためのホームを設立したり、クイーンズ・カレッジという学校を運営したりと、幅広い活動を行った（二〇世紀半ばに改称し、現在に至る）。

一八五八年の年次報告書（一八五七年の活動報告）を見ると、この協会への支持の強さが分かる。篤志協会の「格」の証である「パトロン（後援者）」には、ヴィクトリア女王とその夫君アルバートを筆頭に王族や高位貴族らが名を連ねた。会長はハロウビー伯爵、会計役は当時よく知られたチャリティの支援者だった富豪B・B・カベル、そして名誉書記にはやはり当時著名なフイランスロピストだった聖職者D・レインが就いた。

主な収入項目は、年会費《サブスクリプション》(寄付)三八三三ポンド、一括寄付《ドネーション》が二〇六一ポンド、そしてコンソル債という当時もっとも一般的な安全な投資先から得られた利子収益が一八六八ポンドで、その他も合わせた総額は約八〇〇〇ポンドにのぼった。ここから、運営経費や広告費も含め、ガヴァネスへの一時的援助(二二一〇ポンド)や元ガヴァネスへの年金(一七〇〇ポンド)などが支出された。

この活動によって救われたのがどのような人々であったのかは、同報告書に付されている年金受給者リストからうかがうことができる。一八四四年十一月に受給が決まった独身の「アン・L」(品位を重んじて姓は伏せられる)は、当時六八歳。ガヴァネスになったのは、ひと月の間に父と母を両方亡くしたからである。しかし、一八年後、耳が完全に聴こえなくなったために職を辞さざるを得なくなり、以来、なんとか生計を維持する努力を傾けてきたが、ついに老齢のため万策尽きた。

一八四六年五月に五一歳で受給者となった同じく未婚の「エリザベス・G」は、父の事業の失敗のため、一七歳でガヴァネスをはじめ、ひとりの姉妹と協力して、母親を扶養しただけでなく、三人の妹と一人の弟に教育を施してきたが、病気のため働けなくなった。なお、この三人の妹はみな、ガヴァネスになった。

同年十一月に六九歳で受給者となった「アラベラ・H」は、二四歳のときに夫を亡くして以来、個人教授をしていた。夫が遺した年金収入があったので暮らせていたようなのだが、夫がいた頃の生活水準を下げられなかったためであろう、多額の借金を抱えるに至り、さらに顧問弁護士に一二〇〇ポンド（おそらく夫が遺してくれた年金の基金）を持ち逃げされてしまった。無一文となったが、老齢で新たな職は見つからず進退窮まった。

困窮したガヴァネスたちは、公的救貧のような最低限の救済を受けるのではなく、ミドルクラス女性の体面を保てる程度の、比較的手厚い給付を受けた。出産チャリティにおいて貧しい既婚女性が、貧しいままに留め置かれ、売春婦更生チャリティが「罪深い」女性の隔離と矯正を目指したのとは違い、ガヴァネスを支援する協会は没落したミドルクラス女性を下支えして品位を保たせた。女性に対するこれらの相異なる救済アプローチは、しかし、どれも「ヴィクトリア時代的道徳」を如実に反映していたのである。

船乗りを救う

ヴィクトリア時代的道徳に象徴されるミドルクラスや「レディ」とは別に、近世以降のイギリスを特徴づける要素がある。海と船乗りである。一八世紀半ばから一九世紀半ばにかけて、イギリスの船乗りは、海と河川をあわせて、平時には五万から一〇万人くらいであったと推定される。戦時には軍艦と私掠船の乗組員が平時の船員と同じかそれ以上の数が動員された。フランス革命・ナポレオン戦争のさなかの一八〇〇年頃のブリテン島の人口が一〇五〇万と推定されているが、そのうち約二〇万人が船員だったとすると、男性人口比でいえば四%に相当する。その家族や港湾や漁村の関連産業従事者を含めるなら、島国イギリスは、海に生きる人たちの存在感がきわめて大きな社会であったといってよい。

一六世紀半ばから、ポルトガル、スペインの後塵を拝する形で海に乗り出すようになったイギリスの人々は、アジアを目指し、ユーラシア大陸の北側を抜ける「北東航路」や北米大陸の北側を抜ける「北西航路」を発見すべく、数々の探検航海を行った。英雄的な航海の中には、一五七七年から八〇年の間に達成されたドレイクの世界周航や、一六〇〇年に設立され、株式で資金を調達して独占貿易を行った東インド会社の活動、一八世紀後半のキャプテン・クックによる太平洋探検や、一八三一年から三六年の、後に進化論を提唱するダーウィンが同乗していたことで知られるビーグル号の航海などが含まれる。

イングランドに属する船舶は一五七二年に五万トンであったが、一六八六年には三四万トン、一七八六年には七五万二〇〇〇トンに急増した。国際的にみても、イギリスは一八世紀末から圧倒的な海運大国になった。一七八六―八七年のデータによれば、イギリスの商船の総トン数が一二〇万トンであったのに対し、フランスは七三万トン、オランダが四〇万トン、スペインが一五万トンであった。この差はさらに開き、一八八〇年にはイギリスの六五七万トンに比し、フランスは九二万トン、少し前に統一国家となったドイツは一一〇万トン、イタリアは一〇〇万トン、スペインは五六万トンにとどまった。一九一〇年では、イギリスの商船は一一五五万トンに達し、フランスの一四五万トンやドイツの二八九万トンなどを大きく凌駕した。二〇世紀の前半まで、イギリスは圧倒的な海運大国であった。海運は、工業とならび、イギリス資本主義(およびこれに立脚する市民社会)を支える太い柱を形成していた。

他方、海軍力でもイギリスは突出している。一五八八年のアルマダ海戦で当時の強国スペイン海軍を撃退したとか、一八〇五年のトラファルガー海戦でネルソン提督率いるイギリス海軍が、フランス・スペイン連合艦隊を打ち破り、ナポレオンの野望を阻止したといったエピソードのレベルを離れて、保有海軍力の量を比較してみよう。

一五八五年、アルマダ海戦の前夜の段階では、イギリスの海軍力を三〇とすると、スペインのそれは五一であった。オランダの黄金時代にあたる一六二五年でみると、イギリスは四〇であるが、スペインが六〇、オランダは一一四であった。しかし、一八世紀のうちにイギリスとフランスが海軍力の一位、二位を争い、一八世紀の半ばからはイギリス海軍の優位が確定した。ナポレオン戦争が終結した一八一五年、イギリスが保有する五〇〇トン以上の戦艦の総トン数は六〇万九〇〇〇トンであったのに対して、フランスは二二万八〇〇〇トン、スペインは六万トンに過ぎなかった。第一次世界大戦の始まった一九一四年の主要戦艦数で比べても、フランス一九六隻、ロシア一六七隻、ドイツ二八〇隻に対し、イギリスは四三二隻と圧倒的であった。

強大な海軍はイギリスに安全な海を保証した。海運の隆盛とイギリス経済ならびに市民社会の繁栄は、世界を圧する海軍力と密接に結びついていた。巨大な暴力装置である海軍は、イギリス市民社会にとって都合の良いルール「自由貿易」を世界中に半ば強制していった（従わぬ国に対しては砲艦外交を展開した）。

海運・海軍大国ということは、イギリスは海難大国でもあった。一七世紀半ばから一八世紀後半、商船の三％から五％が難破したという。一七六四年のある同時代人の言では、毎年四二〇〇人の船乗りが溺死していた。一八一二年の書物にも、毎年五〇〇〇人が海で亡くなっているとある。一八六〇年代でも毎年二〇〇〇人が海難死している。難破率は一九世紀を通じて二％台後半から五％の間を揺れていた。難破率が劇的に下がっていくのは二〇世紀以降である。

多くの船乗りが海難を経験した。船乗りは死と隣り合わせの職業であるという認識も行きわたっていた。しかも、人間の力ではどうすることもできない天災のように感じられていた。近代イギリスは同時代の他の国々と比しても、きわめて多くの人材を海で失う国であった。この事実は文学にも影響した。シェイクスピアの『テンペスト』では、主人公は魔法の嵐でプロスペローの島に漂着させられ、同じ『ヴェニスの商人』では持ち船遭難の報が物語を展開させた。

デフォーの『ロビンソン・クルーソー』では難破によって無人島でのサバイバルが始まり、スウィフトの『ガリヴァー旅行記』では主人公が難破して小人の国や巨人の国を遍歴した。

海難そのものに対しては無力ながら、チャリティに熱心なイギリス人は、難船者を救うこともしていた。運よく生きて陸地に漂着できた船乗りは、浮浪法の特別な例外規定を受けて、物乞いをしながら、つまり本来法律で禁じられていた浮浪をしながら、故郷に帰ることが認められていた。それゆえ、物乞いのライセンス(特別許可証)を所持して往来を歩む着の身着のままの難船者をみかけると、多くの人は金や食べ物や宿を恵んだ。

根本的な変化は、一八世紀末から一九世紀初頭にかけて、二つの技術的な発明によって難破船からの人命救助(いわゆる海難救助)ができるようになったときに生じた。ひとつは、陸軍士官ジョージ・ウィリアム・マンビーが一八〇七年に開発した臼砲架綱装置である。もうひとつは、一七九〇年に船大工ヘンリ・グレイトヘッドが実用化に成功したライフボート(救命艇)。

臼砲架綱装置は、ロープにつなげた砲弾(鉄球)を陸地から射出し、沖合で遭難している船の帆や帆桁にからませ、さしわたしたロープに滑車を通すなどして難船から陸地に人を運ぶことを可能にする装置である。主に一八二二年設立の沿岸警備隊によって配備されていった。一八三〇年代からは、砲弾ではなくそれ自体に推進力の備わったロケット式の装置が普及する。また、一九世紀後半からは人命救助義勇隊という民間団体が、沿岸警備隊の所有する装置の操作を請け負う例も増えていった。

ライフボートについては、一八二四年に設立された篤志協会、全国難船協会（五四年に王立《ロイヤル》全国ライフボート協会〈RNLI〉へ改称／王立の含意については六一頁参照）が、購入・配備・訓練・救助を担った。乗組員は基地《ステーション》のある地域のボランティアに担われた。二〇一九年現在までに累計一四万人以上の救助実績を誇る。国内有数の巨大チャリティ団体である。

この組織と協働したのは一八三九年に設立された難船漁師・船員慈恵協会で、一年以内に全国に一四六の支部を作り、辛くも生きて漂着した難船者や溺死した船乗りの未亡人や遺児、残された老親の援助を行った。一九三九年までの一〇〇年間に八九万五〇〇〇人に援助の手を差し伸べた。難船者が物乞いをしなくても済むよう、「協会の印のついた定型の証明書」を難船者に与え、全国の沿岸地域に点在する協会の代理人から支援を受けられるようにもした。この協会も現在に至るまで活動を続けている。

図11　臼砲架綱装置の発射の様子

図 12　ライフボートの活躍
1888 年 3 月，コーンウォルの海で座礁した帆船の救助に向かう．

以上のように、イギリスでは、いかにも公的に対処されるべきように見える海難者への支援や難破船からの救助を、民間の個々人の善意や純然たる民間ボランティア団体に頼って行っているのである。その動機はどこにあったのだろうか。浮浪法の規定を外して物乞いさせながら帰還をさせるのは、有為の船員を労働市場に戻すためであったのは明らかである。また、ライフボート協会の創立者ウィリアム・ヒラリー卿は、次のように書いている。現状での対策の欠如が毎年、イギリス人の生命と財産を大々的に海で失わせている。それゆえ、全国規模の篤志協会があれば、イギリス国民にかかるコスト(=寄付金の負担)よりも比べ物にならないほどの大きな利益が「国の商業諸利害」にもたらされるだろう、と。つまり、イギリスという海運・海軍国家の腱である船乗りの保全こそ、こうしたチャリティに通底する実利的な動機であった。

もちろん、多くの寄付者は目の前の衰弱した海難者を人間として救いたいと思っていたであろうし、各地の基地《ステーション》で訓練を積んで嵐の海に向かって出動するボランティア隊員は、自らも同じ海の民であり、同胞を救いたいという強い気持ちに支えられている。さもなければ、生命を賭したりはしないだろう。女性の救済の場合と同様、時代に特有のイデオロギーが人の考え方を知らず方向付けるわけだが、同時に、私たちにも理解しやすい、いわば人間愛に根ざした救済観も併存していたことを忘れてはならない。

虜囚を救う

船乗りは、救いの必要な貧者でも弱者でもない。貧しいかもしれないし社会的な立場も低いかもしれないが、基本的に労働で自活する人々であった。しかし、船乗りがチャリティの対象になる機会は複数あった。そのひとつが先に挙げた海難であるが、もうひとつは、ここで注目する「虜囚」化である。

一六世紀から一九世紀の初めにかけて、イギリスをはじめキリスト教圏の船乗りには、大きな危険があった。地中海のエジプトを除く北アフリカのイスラームの諸政体、すなわち、アルジェ、トリポリ、チュニス、モロッコの沿岸で難破したり、そこに属する私掠船に拿捕されて、使役される奴隷になったり身代金目的に拘留されたりするのだ。その数、累計で一〇〇万人以上とされる（もっとも、ムスリムはキリスト教徒に拿捕されると同じ目に遭っていたので、キリスト教徒が一方的に被害者であったのではない）。一七世紀が深刻で、この時期、やっと本格的に地中海貿易に乗り出したイングランド人も多数が虜囚となった。一六四〇年十月のある請願を信じるなら、当時北アフリカには三〇〇〇人ものイングランド人虜囚がいた。

この深刻な現状を打開すべく、一六四二年に虜囚買戻し条例が定められ、一六六〇年代初頭までは虜囚買戻し費用は税金でまかなわれ、議会主導で買戻しが進められた。しかし、王政復古（一六六〇年）以後、海軍増強などの効果もあって虜囚の数が大幅に減少したため、一八世紀初頭までは場当たり的に国王の名で教会勅書——虜囚買戻し費用のための全国募金勧奨（四〇頁）——が発布され、ときどきの必要に対応するにとどまった。しかも、一八世紀初頭のうちに、さらに虜囚問題は周縁的なものとなり、教会勅書でのこの目的の募金さえもなされなくなる。あとは主として、散発的に民間でチャリティ的に資金が準備されたと考えられている。こうした民間主導の対策を担った重要なチャリティが、ベットン財団であった。

ロンドンのシティにある一二大同業組合《リヴァリ・カンパニー》の一つ、金物商組合のメンバーであった富裕なトルコ貿易商トマス・ベットンは、一七二三／二四年二月十五日付の遺言状により、二万ポンド強の遺産を基金化し、その運用から得られる年収益の半分を「トルコまたはバーバリ（＝マグレブ）のイギリス人奴隷の身請け」目的に指定した。典型的な慈善信託である。ベットン財団は一七三四年から一八二五年にかけて、断続的に数十ポンドから数千ポンドの金額を、マグレブの虜囚救出のために支出している。第二次英仏百年戦争で勝利を重ね、ナポレオン戦争後はヨーロッパ最強の海軍国として君臨した時期に、北アフリカの「野蛮な」小国の人々からの身代金要求に、イギリスは応じざるを得なかったのである。ヨーロッパ諸列強が武力で身代金ビジネスを根絶に向かわせるのは、一八一六年のことであった。

イギリス人、あるいはキリスト教徒であるがゆえに人身の自由が(イギリス人の売買していた黒人奴隷のように)奪われた同胞に対して、一八世紀以降、政府はほとんど何もしなかった。身代金は、基本的に民間が用立てており、稀に政府が乗り出す場合も、水面下でベットン財団に身代金用の資金の拠出を要請していた(財団は多額の資金を提供した)。

一八一五年十二月二十八日、モロッコ西岸で難破したグラスゴーの西インド商船サプライズ号の乗員一九名は、現地勢力によって虜囚とされ、身代金が要求された。その手紙を受け取ったモガドール在住のイギリス副領事は、金物商組合の現地代理人でもあったので、ベットン財団に掛け合って資金提供を受け、スルタンとその総督に根回しを済ませ、そして虜囚を握っていた現地の有力者と価格交渉して、相場からすれば高すぎる額一二五〇ポンドを支払って、虜囚全員の買戻しを実現した。

マンパワーへの意志

以上、女性、船乗り、虜囚を例にとり、弱者に対するチャリティの諸実践を概観してきた。先駆的な資本主義が生み出した市民社会が自発的に金と労力を注いだ救済活動は、一方では、力強い市民たち（ブルジョワ、中流層、ミドルクラスなど）がか弱い存在に対して示した人道主義の発露である。その「善意」を否定するわけにはいかないが、彼らが意識的、無意識的に前提にしている常識が強く作用している点を見逃してはいけない。子を産む貧しい女性も男性に性を売る娼婦も市民の家庭で子女教育を施す低待遇のガヴァネスも、七つの海を行き来し難破する船乗りも異郷で国家に見捨てられる虜囚も、いずれも資本主義が生み出し、また必要とする人々であった。

三つの気持ちに沿って言い換えてみよう。㈠**困っている人に対して何かしたい**――。その思いの裏にはマンパワー確保という階級的な利己心も働いていたといってよいだろう。㈡**困っている時に何かをしてもらえたら嬉しい**――。民政に関して国家が基本的に不介入、放任の態度をとっているとき、民間が救いの手を差し伸べてくれるなら、それを摑まない法はない。実際、貧者がチャリティ情報を熟知してライフサイクルに応じた給付を巧みに得ていたとする（総じて否定的な）観察はしばしばなされていた。㈢**自分の事ではなくとも困っている人が助けられている光景には心が和む**――。たしかに彼らの多くは心和んだであろう。ライフボートの基地《ステーション》とそこに所属するボランティアの雄姿は、助け合う共同体を体現し、地域のプライドの源泉であった（現在もそうである）。しかし、私たちはこれにすべて共感できるだろうか。釈然としないところがあるのではないか。その違和感こそが、この時代のイギリスのチャリティの個性を説明するのである。

二　無用な弱者への処遇

有用な弱者、無用な弱者

前節では、子を産む女性や娼婦、船乗りといった、自由主義資本主義の市民社会にとって「有用」な弱者に対する、手厚いチャリティの姿を観察した。これらはほんの一部にすぎず、一八、一九世紀のイギリスでは篤志協会や慈善信託の形式で、各種の初等学校や、地域の有望な子弟に学業を続けさせるための奨学金、親（父親）を亡くした子のための孤児院、貧しい子弟を年季奉公に出す際に持たせる持参金、病気に罹ったり怪我を負ったりした労働者のための無料病院、堅実な人生を送ってきた貧しい独居老人のための養老院（私設救貧院）、冬の物資欠乏期にパンや毛布を配布するチャリティなどが、貧者を公的救貧受給者に転落する危険から救うとともに、資本主義経済の歯車として生きることができるように手を尽くした。老人救済の場合には、後続の労働者への励み——まじめに勤労人生を全うした先には酷薄な救貧院ではなく行き届いた養老院がある——になった。

ところが他方で、イギリスのチャリティ組織は、「無用」な弱者にも多大な関心を払った。ただし、助けるためではない。逆に、助けないようにするためである。それはなぜなのか。また、助けないための努力とは一体どのようなものなのだろうか。

不良物乞いを摘発する——物乞い撲滅協会

物乞いや浮浪者は、イギリスの地に遍在していた。近世に形成された公的救貧の体系の一角が「浮浪法」によって占められていたことにもそれはあらわれている。一八、一九世紀にも、街道や往来には、行商人や大道芸人、娼婦や季節労働者、旅芸人やジプシー、失業者や移民や難船員などが頻繁に目撃された。そして、特殊な例外ではない、明確な輪郭を持った人間類型としてイメージされた。

たとえば、一八世紀前半にイングランド西部のデヴォン州で活躍した実在の「ジプシー王」は、本人の手になると言われる自伝的物語『高名なる浮浪者にして犬泥棒バンプフィールド＝ムーア・カルーの生涯と冒険』(初版一七四五年)の流布によって、ヴィクトリア時代にはロビンソン・クルーソーやアラジンに比肩する知名度を誇った。同書には、海難者や火事で焼け出された職人、持ち船を遭難で失った人、老婆や身体障害者の変装をして富裕者の同情をひき、金品をせしめる巧みな手練手管の数々がエピソードの形で列挙されていて、物乞いが日常の光景をなす社会の雰囲気を伝えている。

物乞い・浮浪者が社会の中にいることは疑いないが、それがどれほどの数になるのか、正確に知ることは不可能であった。全数を把握できているのかどうか、常習浮浪者(犯罪的な寄生者)や常習物乞い(自活不能の老人、狂人、病人)といった無用または危険な人々だけでなく、有用な労働力である求職途中の季節労働者や一時的に失業している日雇い労働者までもここに含まれているのかどうか、誰にも分からなかった。だからこそ、物乞い・浮浪者に対する不安感は募るのであった。そして、この気分に呼応して一八一八年に設立されたチャリティ団体が、ロンドン物乞い撲滅協会であった。

未曽有の規模で「見るも憐れな者たちが、われらの主要な街路に満ち溢れ」ていることを憂慮し、「いつものように施しをしてやるだけではどうしようもない」と考えた「数人のジェントルマンたち」が発起人となり、この年の三月二十五日、ロンドンのホルボーン地区レッド・ライオン・スクエアに事務所を開設した。「物乞い撲滅」という激烈な表現がおよそチャリティのイメージにそぐわないが、この篤志協会に関与した人たちの「善意」は疑うべくもない。主な目的は、真に困窮した物乞いを救済することであった。しかし、達成する方法が独特であった。協会の会員（寄付者）は寄付額に応じて一定枚数の食事券を与えられる。会員でない人も有料で食事券を入手することができる。そして、救済に値する真に困窮しているように見える物乞いに出会うと、チケットを与える。物乞いはチケットを持って協会の事務所に出向く。すると、彼らは窮状の「申し立ての真正さ」を審査されるのであった。審査にパスした物乞いは、隣の建物で食事を与えられ、場合によっては衣服や宿も供された。他方、常習的な確信犯的物乞いは、司法の手に引き渡された。不良物乞いを「撲滅」することで無駄なチャリティを防ぎ、浮いた資金で物乞いをせざるを得なくなった人を手厚く救済するのであった。

同協会にはパトロンに国王ジョージ三世の次男ヨーク公が就任し、会長には富裕な大貴族ノーサンバランド公爵、二一人いる副会長には爵位貴族数人の他、庶民院議員も四名を連ねた。運営委員にはかの経済学の巨人リカードなど、当時の著名人が多数参加していた。初年度の寄付者も一三〇〇人以上にのぼり、食事券の売上も含めると、四三八七ポンドの収入を得た。次項で紹介するユニークな活動も加わってきて、協会は一九世紀を通じて人気を保ち、物乞い——次第に極度の生活困窮者も含むようになった——の「救済」（あるいは「撲滅」）に邁進した。

一八七〇年代後半から八〇年代初頭にかけての年次報告書から、印象的な活動記録をいくつか紹介しよう。たかり屋「J・H」は、人前で気絶してみせて同情を集めては金をせしめる手口で、何度も協会の通報で有期刑を科されていた。今回も気絶しているところを協会のコンスタブル(ボランティアの巡査――警察からバッジも与えられる)に見咎められると「すぐに正気に戻った」。結局彼は懲役一年を言い渡された。老婆「A・McD」は、割れた陶器を入れたバスケットを下げて歩き、人目に付くところで気を失ったふりをして転倒し、陶器を割ってしまったように見せて同情を引く手口が露見して、やはり懲役を科された。

逆に、救済に至る例も多くあった。行商人「J・T」は、自分も妻も病気のため、商売用の二輪手押し車に載せる売り物が補充できなくなったと申し立て、協会の援助を求めた。協会はこの申請が正しいかどうかを調査するとともに、行商人自身の素行や評判も確かめた上で、手押し車への品物の補充費用の支出を決定した。彼は生活を立て直すことができた。

物乞い撲滅協会の活動の眼目は、救済に値する物乞い・浮浪者・困窮者と、救済に値しない者たちを選別し、後者を罰して前者に報いるところにあった。そして、この真贋を見分けたいという欲求は近代イギリスのチャリティの担い手にとって切実なものであり、さまざまなところでチャリティの動きを規定していた。次に、その世間の欲求に応えた、物乞い撲滅協会の独特な実践を見てみたい。

詐欺を見抜く――無心の手紙の真贋

窮状を縷々綴り、援助を求める書簡を、無心の手紙《ベギング・レター》(物乞いをする手紙)という。史料としては一七世紀から散見されるが、識字能力の下方拡大も手伝って、一九世紀に一気に増大したようである。路上の物乞いに比べると、書き手の多くは、品位ある《リスペクタブルな》生活を送っていたが何らかの事情で経済的に逼迫した人であった、あるいはそう自己演出をした。真正の窮状を訴える手紙に混ざって詐欺的な手紙も横行し、刑事事件として公式の裁判記録が残っている場合もあるし、新聞・雑誌で、精彩な具体例を交えて繰り返しその弊害が報告された。手紙の受け取り手が保存した個人蔵の史料も残っている。

一九世紀から二〇世紀の初頭にかけて、無心の手紙は「物乞い」の方法として広く認知されていた。真に窮状を訴えるものであれば返信に現金を添えても何ら問題はないチャリティの実践となるが、ニセの申し立てを見抜けず施しをしてしまうなら、それは路上の不逞な物乞いに小銭を恵むのと同様、怠惰に褒賞を与える行為になってしまう。チャリティの与え手は、無心の手紙に応えることも重要視していたので、そこにつけこむ犯罪的無心もあとを絶たなかった。

一八三四年の『チェインバーズ・エディンバラ・ジャーナル』紙によれば、ある貴族は一年で三五〇通の手紙を受領したが、差出地はすべてロンドンだった。また「無心の手紙によるたかりで暮らしている者は約二五〇〇人としても過言ではない」という。ロンドンの「慈善心あふれる公衆」は、毎日一〇〇〇通のニセの無心の手紙を受け取り、年に五万ポンドほどをこの手段によって詐取されている。手口は巧妙で、内容の真正さを信じ込ませるため、家賃や税の滞納による動産差し押さえ令状や、人物証明書や質札などをわざわざ準備して同封していた。

一八九四年の『サタデー・レヴュー』紙では、ニセの無心の手紙書きは組織的になされているとみていて、「コナン・ドイル氏のモリアーティ教授が組織して指揮している」ような拠点があるのではと書いている(ちなみに、シャーロック・ホームズが初登場する『緋色の研究』は一八八七年に発表された)。

そこまでニセの無心の手紙が横行しているのであれば、この種の手紙には一括して反応しないという手もあったはずだが、当時の人々はそうはしなかった。無心の手紙の中には「絶望的な貧困の本物の事例」も含まれているからである。

そこで、独特なチャリティ活動が行われるようになった。それが物乞い撲滅協会が力を入れた、「無心の手紙鑑定局」の仕事である。同協会の会員(寄付者)は、特典として自宅に届いた無心の手紙を鑑定局に送り真贋を確かめてもらうことができた。たとえば、スペンサー伯爵家(二〇世紀末に世界的な注目を集めていた、慈善家としても有名なダイアナ元王太子妃の実家)の史料には、手紙の現物とそれに関する報告書のセットが保存されている。報告書には、手紙の差出人の身上調査の結果が書かれていて、この人物は評判もよく真面目なのだが不運によって手紙にあるような窮状に陥っているので適切なチャリティの対象だと思われます、とか、この人物は存在しません、とか、この人物の夫はひじょうに評判が悪いので公的救貧にでも救わせたらよいでしょう、といった助言をした。

一例を挙げたい。一八二五年、スペンサー伯爵の元に次のような手紙が届けられた。

伯爵様

謹んでごく手短に、わたくしと四人の子どもたちの不運な現状を貴方様にお伝え申し上げたく存じます。夫である故ジェイムズ・トマス・カンピンは、昨年、王立アジア協会の集金役に任ぜられ、世を去るその日までお金を集め、帳簿をつけておりました。夜に帰宅してすぐに、夫は疲労を訴え、床に就きましたが、わずか一五分後には亡骸となりました。この悲痛な出来事のゆえに、わたくしと幼い子どもたちは優しい伴侶であり父親の支えを失ってしまったのです。

わたくしの悲惨なありさまが、もし貴方様の慈善心あふれるお気持ちを動かすに値するようでしたら、貴方様がふさわしいと思われるご寄付は、わたくしと父なし子らをこれから支えていくために小さな商売を始める上で、助けとなります。

心から敬意を表しつつ　〔この二行は一般的な定型句〕
貴方様の忠実なしもべ

アン・C・カンピン

M・W・スモール氏宅気付
コテージ・グリーン、カンバーウェル

照会はフィッシュ・ストリート・ヒル四四番地のディクソン氏か、チープサイドのクイーン・ストリート七一番地のフランシス・ワイマン氏までお願いいたします。この方々は、親切にも、わたくしのために寄付金を受け取ってくださいます。

無心の手紙鑑定局からの報告書はこうであった。

事案九一六九番
一八二五年七月八日
カンバーウェルのコテージ・グリーン在住のアン・C・カンピン
当委員会はこの事案を閣下の慈善心あふれるお気持ちにふさわしいものとして推薦いたします。手紙にある内容は真実で、このあわれな女性は非常に評判のよい人物です。

鑑定した手紙は膨大な数にのぼり、一八八一年までに累計で二〇万通に達した。この年だけでも、新規に鑑定して報告書を作成した手紙は九八二通、再調査の対象になった手紙は三七七通、調査なしで鑑定結果報告した手紙が三七三通あった。依頼者から対応を一任された手紙も八六八通あって、うち五三四通には合計六六〇ポンドの救済を与えたが、残り三三四通については救済に値せずと却下している。無心の手紙の蔓延と、無用な弱者によるたかりを警戒し、対応に苦慮するチャリティの与え手の姿が透けて見えてくる。

濫給を阻止する——チャリティ組織化協会

物乞い撲滅協会が活動を開始してから約半世紀後の一八六九年、ロンドンでチャリティ組織化協会(COS)という団体が設立された。ここまでさまざまな具体例を紹介してきたが、イギリスではチャリティ活動があまりにも多く展開するようになったため、類似団体が林立し、互いに連絡もなく各々が弱者救済に専心することになった。その結果、貧者の側がその状況につけこんで複数の団体に申請して救済を得る事例が増加した。これは貧者の主体的生存戦術の反映でもあるが、与え手の懸念が増幅したイメージでもあった。COSはこのような意図せざるチャリティの濫給を防ぎつつ、しかるべき対象に救済を届け、「貧者の状態改善」を目指した。

この目的を実現するために採用した方法が、以下の四つである。第一に、十分になされてこなかったチャリティ団体と公的救貧行政の間の連携、およびチャリティ団体間での連携を促進すること。それによって、重複して支援を得ようとする者を特定することができる上、救済に値すると判断された者は（もっともふさわしい）チャリティに、救済に値しないと判断された者は（スティグマを伴う）公的救貧に委ねることができる。

第二に、各事例（「ケース」）を徹底的に調査し、それぞれに適切な対応をすること。「ケース」は蓄積されるので、やがて帰納的にパターンが見えてくる。新規の対象の状態を判断する材料になるし、訪問員による各対象に関する継続的な調査（「ケースワーク」）によって、支援の可否や内容を決めてゆくことができる。

第三に、COSの組織する地域委員会——地元の聖職者と公的救貧の貧民監督官とチャリティの代表者からなる——が財源を持ち、現行のチャリティや公的救貧で対応できないケースに対して具体的な支援を行うこと。

そして第四に、「物乞いを撲滅すること」。救済に値しない不良貧民による不正受給を防ぐのである。

COSの新機軸は「科学的チャリティ」を標榜し、アンブレラ組織たらんとしたところにある。COS自身、新しさを強調し、「旧来」のチャリティとの差異を明白に言語化していた。いわく、これまでのチャリティが憐みの感情に無反省的に流されていたのに対して、「経済的」な見地（理性）によって感情を正しく方向づける。従来は与え手の満足感だけが追求されて一時的な救済に終わっていたのに対して、受け手に継続的に関わって彼らが施しに依存しないで生きられるよう教育を重視する。かつては各団体が一つの救済チャンネルを持っていただけであったのに対して、諸団体を連携させることで無数の救済チャンネルを開く、など。

この新規性アピールが功を奏して、COSはエリート層から非常に強い支持を受けた。七〇年代には二四人の副会長を擁し、その中には爵位貴族など貴顕のみならず、救貧法行政の改革に手腕を発揮したG・ゴシェンや、『ゴシックの本質』や『この最後の者にも』などで知られる、美術評論家にして社会批評家、慈善家でもあった当代最高の知識人の一人ジョン・ラスキンも名を連ねた。七四年からはパトロンをヴィクトリア女王が引き受け、なおのことチャリティ組織化協会の権威は高まった。

チャリティ界の有名人であるオクタヴィア・ヒルやセツルメント運動のバーネット夫妻(一一六頁)らも協力や支援を惜しまず、政府はこの協会を信頼し、各種の社会調査に際して頼った。事務局長チャールズ・ロックの辣腕により広報にも力を入れ、週刊『チャリティ組織化通信(後にチャリティ組織化評論)』誌や各種のパンフレットや各地のチャリティ実態調査で活動の大義を人々に普及させようとした。科学的な方法でチャリティの無駄を省き、個人の事情を精査するケースワークによって救済無用の不良貧民への濫給を回避して、しかも救済の効果を高めるというアピールは、同調者を多く生み出した。女性も大勢参加した。

ロンドン以外にもチャリティ組織化運動は広がり、アイルランドを含むイギリス全土の諸都市に同名団体が叢生した。一八七五年にすでに一二団体が活動していたが、一八八〇年には九二、一九一四年には一四五に急増した。主要な白人入植植民地にも設立が相次ぎ、イギリスを越えて、一八八〇年代の初めにはドイツで二九、フランスで一九、アメリカ合衆国で一八できた。オーストリア、オランダ、スペイン、ロシアなどにも拡がっていく。日本で一九〇八年に設立された中央慈善協会は、明らかにCOSの精神を引き継いでいる。

ところが、この華々しい「成功」は見かけ上にとどまった。チャリティの現場ではCOSによる運営への口出しや連携を強いる集団主義は忌避されたからである。大半のチャリティ団体は、活動の自由――自発的結社の存在理由――が制限されることを嫌い、貧民監督官は一民間組織に主導権を握られることを認めたがらず、チャリティの受け手たる貧者は選択肢が狭まることを望まなかった。チャリティ組織化協会は、実は「チャリティ非‐組織化協会」だと揶揄する声もあった。ロンドン以上に地方では、COSは資金も人手も十分に集まらず、国家福祉を容認しつつチャリティとの連携を図った救済ギルド(一九〇四年)が台頭した。

COSは二〇世紀以降、国家が貧困の環境因を重視して包括的な公的福祉の給付に乗り出していく中で、自らが否定し乗り越えたはずの「旧来」のチャリティ団体と同じく貧困の個人因に固執して国家福祉を警戒し、しかも「旧来」のチャリティ団体から背を向けられ、科学的に濫給を避けると言いながら自己資金による給付金の支給額が一貫して増大していくという自己矛盾に陥った。政治と社会の変化やニーズに対して鈍感であり続けたCOSは二〇世紀半ばまで低迷を続け、一九四六年に家族福祉協会へと名称変更するとともに路線転換していった(二〇〇八年にはさらに改称してファミリー・アクション)。

救済に値しない者

前節では、救済に値する者を積極的に救おうとする態度に注目してきたが、本節は逆に、救済に値しない者をできるだけ救わないようにしたいという態度を示す事例を示してきた。近代に入ってもイギリスの人々のチャリティ熱はとどまるところを知らず、無数のチャリティ団体が設立されたが、一向に改善しない社会の貧困問題に直面した人々は、怠惰で狡猾な不良貧民の存在をかぎつけた。不良物乞いの撲滅、詐欺的な無心の手紙の選別、そしてチャリティ組織化運動による重複受給者の排除にはいずれも、自分たちの善意に水を差されてほしくない人々の「真摯」な思いがあらわれている。

ここでも三つのモチーフを用いて整理してみたい。(一)困っている人に対して何かしたい――。しかし困った振りをしている者には騙されたくない。(二)困っている時に何かをしてもらえたら嬉しい――。いかに上から目線で選別をしてくる団体であれ、向こうの期待に沿った態度ですがるのは生きるためにはやむを得ず、救われるなら差し迫った窮乏から脱出できるだけでなく、人物証明にもなる。㈢自分の事ではなくとも困っている人が助けられている光景には心が和む——。本当に困っている人に援助ができているなら、そして邪《よこしま》な思いから慈善家に取り入ろうとする者に正義の鉄槌が下されるならなお、彼らの多くは心和んだはずである。

前節に続き、与え手と受け手がチャリティをめぐる駆け引きをしている姿に読者の多くは違和感を覚えるかもしれない。繰り返しになるが、その違和感こそが、この時代のイギリスにおけるチャリティのはたらきを説明するのである。

ここまでで浮上してきた近代イギリスにおける有用な弱者、無用な弱者の区分は、人権意識の強い現代人には理解しにくいものかもしれない。だが、私たちは救済対象を選別していないだろうか。有用な弱者に手厚くし、無用な弱者は切り捨てようとしていないだろうか。そして、その態度は非難されるべきことなのだろうか。両者の境界線は明確なのか。分け隔てのない救済こそ理想なのか。実は、私たちの、弱者救済に関する思考様式は、必ずしも啓蒙された現代的なものではない。私見では、原理的によって立つべき正しい立場はない。どれか一つの立場を墨守すれば、必然的に別の問題は生まれる。大切なのは、緩やかな大原則とケースバイケースの臨機応変なやり方の組合せをつねに模索し続ける態度だろう。

三　エンターテイメントとしての救済

楽しみとしてのチャリティ活動

チャリティ活動を楽しむ——不謹慎との印象を抱く人もいるだろう。困っている人が目の前にいて、その救済をする活動ならば、真剣に取り組むべきだし、面白半分であってはいけない、と。たしかに、当時の人々も「面白半分」にチャリティをしていたわけではない。しかし、渋面を作り、ひたすら真面目に、誰も好まない現世的な報いのない営為に従事していたかというとそうではない。深い人間愛や曇りなきキリスト教信仰、世にある貧困や不正に対する耐えがたい罪悪感、こういった重い信念に駆り立てられている人だけがチャリティの担い手だったわけではない。資金を提供するにせよ、現場で救貧を行うにせよ、さまざまな性質の諸個人が関わることによってはじめて、近代イギリスで実現したような規模のチャリティが可能となる。

その際に鍵となるのが、ある種のエンターテイメント性であった。与え手たちが「楽しめる」仕掛けが構造的に組み込まれていたのである。本節では、一九世紀から二〇世紀初頭にかけてのチャリティの楽しみの諸相を描いてみたい。

訪問とセツルメント

背景として押さえておかねばならないのは、一九世紀に入ってから諸都市で顕在化してくる「スラム」の問題である。スラムとは、いわゆる貧民街を指す。一八二五年に英語での初出が確認されている。都市化と繁栄の極致を謳歌した近代イギリスは、都市の内部にほぼ不可避的に、慢性的に半失業状態にあり、低賃金労働を提供せざるを得ない労働者とその家族が暮らすスラムという空間――ほかに、貧民窟、熱病巣窟、小地獄、悪魔区画、暗黒場末といったさまざまな表現で呼ばれた――を抱えた。一八九三年に書かれた探訪記は明快に定義している。

スラムは一軒の家のこともあるが、ふつうはひとまとまりの住居群か、あるいは住居区画を指し、必ず荒廃していたり排水設備が整っていなかったり老朽化しているわけではないが、たいていこれらすべてを兼ね備え、小さな部屋に分かれ、さらに、他の建物にすっかり取り囲まれて、光も空気もまったく足りず、それゆえ清潔さも欠いているため、およそ人間の居住には適さない。

ディケンズは『オリヴァー・ツイスト』(一八三九年)で、イーストエンドのスラムを犯罪者の巣窟として印象深く描写した。一九世紀半ばに公衆衛生政策を主導したエドウィン・チャドウ

図13　イーストエンドの代表的なスラム街ホワイトチャペルを描いたギュスタヴ・ドレの版画(1872年)

イックは、狭隘、不潔、換気不全をその生活空間に見出して、そこを「貧困と悪徳の栖」であるとみなした。フリードリヒ・エンゲルスは、北部の大都市マンチェスターの裏路地に暮らす労働者の劣悪な環境と、虐待と搾取の証拠を列挙した。社会小説家として名高いエリザベス・ギャスケルは、『メアリー・バートン』(一八四八年)の中で、同じマンチェスターを舞台に、外国の製造業者との競争にさらされた工場主によって搾取を強化される労働者の不遇と工場主への不信感を濃密に描きだした。

また、社会調査の先駆者たるチャールズ・ブースは、『ロンドン住民の生活と労働』(一八八九—一九〇三年)での詳細な調査にもとづいて、ロンドン地図を生活水準別に塗り分けた「貧困地図」を作製した。富裕者の多いウェストエンドは最富裕層を表す黄やミドルクラスを示す赤が目立ち、貧困者の多いイーストエンドは、「極度に貧しい人々」の紺青、「日雇い労働者や浮浪者や犯罪者予備軍からなる最下級民」の黒が際立った。そうした紺青や黒で塗りつぶされた

「貧民街」は、開発が後回しにされ、建物や教区境界や鉄道路線や河川や運河が無秩序に通行を遮断することになり、結果、その孤立地域は「周辺地域とのつながりが断たれ、そのため、交通によって提供される保障を欠くと、いかがわしい場所になる」のであった。

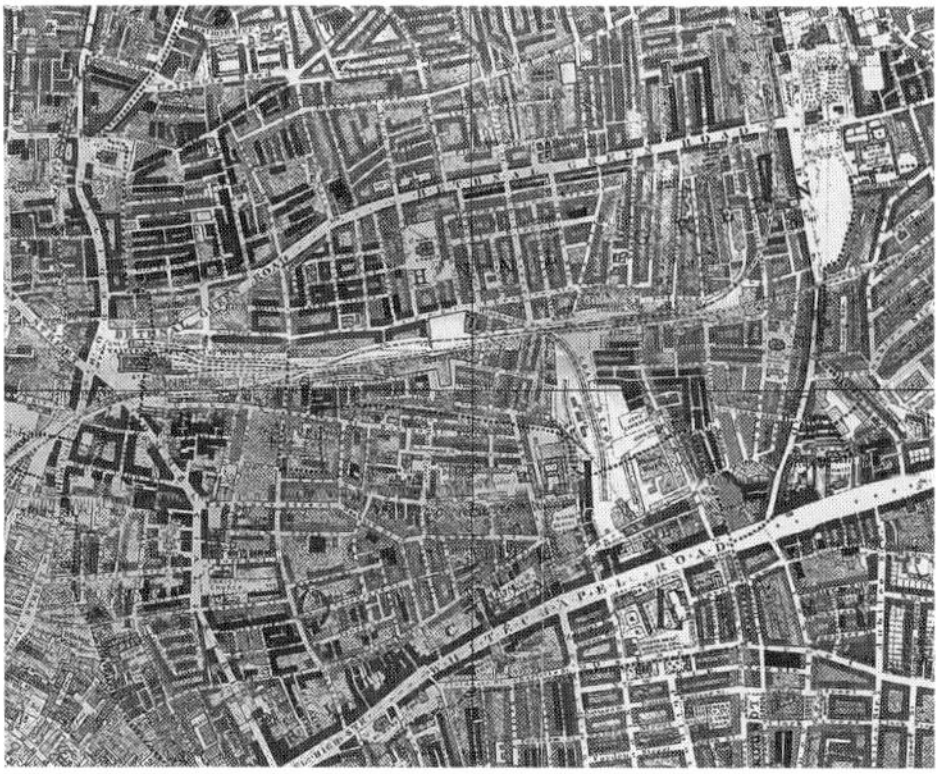

図 14　チャールズ・ブース「貧困地図」(部分)
左上の区画の中央部は，イーストエンドでも悪名高いスラム，通称「ニコル」．下半分には「切り裂きジャック」の連続殺人の主な舞台として知られるホワイトチャペル界隈が広がる．

スラムは危険な、近寄りがたい都市内の異世界であった。右記のブースのロンドン貧困地図に明らかなように、生活様式が違えば住む地域も別々になりがちであったから、チャリティの潜在的な与え手層にしてみれば、文字通りそこは別世界であった。ただ、だからこそ敢えて足を踏み入れて実態を知り、救済実践をする気持ちにもなった。何度か触れたように、チャリティの担い手たちは救済対象の家を直接訪ねて事情を聴き、必要に応じて救済をしてきた。

とくにミドルクラスの女性は、教区で

の日曜学校や信徒訪問の延長で、積極的であった。時代のジェンダー規範は、男性のいる「公」の空間への女性の進出を抑制したが、貧民街の住民は階級が違うため、親の子に対するような関係性が強調されたから、ミドルクラス女性の貧民街での活動はむしろ推奨された。そのため、貧者訪問と救済を目的にした篤志協会が数多く設立された。

かなり早い例として、マンチェスターに一七九一年に設立された寄る辺なき人の友協会を挙げることができる。メソディスト系のバックグラウンドを持ち、「信仰と分別」を備えた訪問員を任命して「真に苦難にあえぐ対象を見つけ出し……その愁訴の性質を仔細に調査した後」、困窮者に対して毎週支援金を給付することを目的としていた。一八〇三年までの一二年間に六四〇三ポンドの寄付を集め、それで六万人を救済したという。

一七九二年一月の被救済者リストを見ると、どのような人が「真に苦難にあえぐ対象」なのかがよく分かる。ジョン・プリチャードという石工は、流産したばかりの妻と三人の子を抱え、数週間脚の不調に悩み、食事に事欠き、寝具はなく、削り屑の上に横臥していた。W・ウィリアムズはしばらく病気を患い、妻は事故で大やけどを負って瀕死の状態、そしてウェールズ出身のため英語を解さないのであった。

また、ロンドンの会衆派クリスチャン教導協会は一八三五年、二〇〇〇人のボランティアを動員して四万世帯を月二回訪問させていた。こうした例には枚挙にいとまがない。一九世紀には設備の整った都市教区にはたいてい、訪問協会があった。これらは、貧者宅を訪問し、信仰支援(聖書朗読)や道徳・規律教育(生活指導)、健康指南(衛生や料理法の伝授)、一時的な物心援助を提供した。訪問先は貧者宅に限られず、ミドルクラスの男女にとって、さらに縁遠い、刑務所や救貧院の訪問を専門にする団体もできて人気があった。ちなみに刑務所／監獄は一八世紀から重要な慈善対象であった。イギリス人ジョン・ハワード(一七二六―九〇年)がヨーロッパの諸施設を歴訪して書いたルポルタージュ(『一八世紀ヨーロッパ監獄事情』として翻訳されている)は大評判になり、彼はロシアを含みヨーロッパ中で賛仰される博愛主義者として名を馳せたのであった。

訪問の際に気を付けるべきことを記した旅行ガイドのようなマニュアルも出版された。訪問は、貧者を救いたいという気持ちからなされたものであることは確かだが、訪問者(や報告書を読む寄付者)に、日常生活を送っている限りはできない、わくわくする異世界体験をさせてくれる機会でもあった。多くの訪問協会が、訪問される貧者の気持ちを斟酌しなかったことも書き添えておきたい。

異世界での「やりがい」のある善行が人々にアピールしたのは、近世のイエズス会士やフランチェスコ会士らの決死の布教活動や、近代の諸宗派ミッション団体のアジアやアフリカなどでの伝道活動と同じ理由によると思われる。日本でも一時期盛んだったセツルメント運動も、非常に宗教的な空気の中で誕生した。

先に述べた通り、ロンドンでは生活水準に応じて棲み分けがなされていた。貧しいイーストエンドには、埠頭や倉庫、各種の工場が密集し、周囲には安い労働力を提供する貧民が集住した。貧民長屋は狭小で人口過密、不衛生で周囲の治安も劣悪だった。そのイーストエンドでも悪名高い貧民街がホワイトチャペル地区だが(一八八八年に発生しイギリス中を恐怖に陥れた「切り裂きジャック」事件の舞台)、一八七三年、そこのセント・ジュード教区に妻を伴い副牧師として赴任したのがサミュエル・バーネット(一八四四—一九一三年)だった。

バーネットはブリストルの製鉄業者の息子で、オックスフォード大を卒業してからは、一貫してロンドンの貧しい教区での司牧活動に従事していた。社会問題に関心が深く、教区での貧民救済活動の経験を積んだ。その過程で、スラム街の法外な家賃にも苦しんでいた労働者にとって画期的な住宅提供・管理活動——清潔で換気のゆきとどいた集合住宅に適正な家賃で入居できて生活指導を受けられた——を創始したオクタヴィア・ヒルと親交を結び、また、第二節で解説したチャリティ組織化協会のマリバン地区委員会にも参画していた。

バーネットはセント・ジュード教区に赴任してからも、地域での伝道と教育を展開していたが、その一環で、一八七五年から母校オックスフォード大の学生を救貧活動に勧誘するようになった。社会のエリート層に貧困の実態に触れさせ、相互理解を深めるためである。これに応じた一人が一八五二年生まれのアーノルド・トインビーであったが、彼は一八八三年に急逝してしまう。すぐにトインビーを記念する事業の開始が決まり、募金が行われて、その資金をもとに、バーネットの構想に基づいて大学セツルメント協会が発足した。一八八四年には史上初のセツルメント館トインビー・ホールがホワイトチャペル地区に完成した（現在も活動の拠点であり続けている）。

図15　トインビー・ホール（上）と開設時の主要メンバー（下）
下図の中段左から二人目と三人目がバーネット夫妻．周りを囲むのはレジデントたち．上図は『ビルダー』誌（1885年2月14日）に掲載されたもの．

トインビー・ホールの活動内容は、館長のバーネットと、レジデントと呼ばれる、部屋代を負担して住み込む大学生・卒業生との間の合議で決められた。「ロンドンその他の大都市の貧困地域の住民に教育、レクリエーションの手段、娯楽を提供すること、貧民の実態を調査してその福祉を増進する計画を考案し促進すること」を目的に掲げ、レジデントと現地の貧民との「友人関係」の構築を原則とした。従来の上から下への一方的なチャリティとは一線を画する意欲を読み取ることができる。夜間学級やスポーツや遠足といったクラブ活動、音楽会や討論会・講演会などの文化活動（当時、多方面に展開していた文化フィランスロピーと呼ばれるもの）のほか、協同組合や労働組合を支援したり、社会調査をしたりと、多様な社会改良活動に取り組んだ。

一八八七年にはオックスブリッジ出身女性たち、ウィリアム・グラッドストンの娘ヘレン、住宅管理のチャリティとナショナル・トラスト（一八九五年）の創設者として有名なオクタヴィア・ヒルらによって、女子大学セツルメントが作られた。そして、一八九三年には、ここにソーシャルワーカー（ボランティア、救貧委員、学務委員を含む）を養成する専門コースが初めて設置された。

セツルメントというアイデアは急速に世界中に波及した。一九二〇年にはイギリス国内で一〇〇館以上が新たに開所し、欧米各国でも運動は模倣された。一八九七年には、アメリカ留学から帰ってきたばかりの労働運動家、片山潜のはたらきかけで日本でも「キングスレー館」が設立された。

セツルメント運動に参加した男女のエリート大学生は、カルチャーショックを受けたり、越えられない社会的な懸隔と無理解に傷ついたり、あるいは、親しく貧民と接し、「友人」関係を結んで、張り合いをもって、楽しんで活動することができた。このようなタイプの、担い手がある年代に特化したチャリティは、現在でも、多くの学生が体験する海外ボランティアや炊き出し支援などのボランティア活動といった形で、連綿と続いている。なお、トインビー・ホールで活動した人の中には、後の福祉国家を作ったウィリアム・ベヴァリッジとクレメント・アトリーがいたことも覚えておきたい。

投票チャリティ

一八、一九世紀に隆盛を極めた篤志協会型のチャリティは、毎年の寄付金に立脚して運営された。活動の成果や会計の適正執行について、寄付者は年次総会や年次報告でチェックできた。役員を選挙する権利を有していたし、協会のやり方が気に入らなければ次年度からの寄付をやめればよかった。これを、研究者たちはチャリティにおける「寄付者民主主義」と呼んできた。二〇世紀後半のリベラル民主主義の観点からみて、健全な市民社会のあらわれというわけである。同じ時期には、教区という行政単位では「納税者民主主義」が実践されており、国政選挙における普通選挙制度が二〇世紀半ばまで持ち越されたとはいえ、「寄付者民主主義」と「納税者民主主義」は、近代イギリス社会の市民(ミドルクラス)の活力を如実に示す例として重視されてきた。

しかし、この多分に自賛的なイメージにそぐわない「寄付者民主主義」が存在した。業界誌『チャリティ・レコード』の一九二〇年のある号に、ガヴァネス慈恵協会(八一頁)が、活動報告を掲載している。「当協会の年次総会と半期に一度の選挙が、一九二〇年五月七日、ピカデリー・サーカスのクライテリオン・レストランで開催されました」とあるのだが、一見、役員の選出に関わるのかと思いきや、ふつうは年に一度行われる役員選出にしては「半期に一度」とあり、奇異である。実は、ここでいう「選挙」とは、寄付者がチャリティの運営者(役員)ではなくチャリティの受給者(救済を求める貧者)を選挙で選ぶことを指しているのである。活動報告には続きがある。

続いて年金受給者の選挙と指名に移り、以下の方々が当選しました。
チズルハースト・ホームの一〇号室への選出者
九六番　フローレンス・C・E・ポウイス嬢――一四八八票
エイダ・ルイス記念年金五二ポンドの第九枠
四番　エイダ・M・アシュトン嬢――二一〇五票
エイダ・ルイス記念年金五二ポンドの第一〇枠
五四番　フローレンス・ヒギンズ嬢――一八五三票〔後略〕

「選挙」が行われた一九二〇年には、すでに国政選挙では一九一八年に男子普選と、制限ありだが女性参政権も実現している。リベラル・リフォームにより、失業保険や老齢年金、国民健康保険の国家福祉制度もできていた。なぜイギリスでは、このような、私たちから見るとデリカシーを欠いた救済方法を採用するチャリティが支持を受け続けていたのであろうか。

資格において平等な寄付者が男女の別なく、寄付額に応じて投票権を付与され、その権利を行使して受給者を選挙する方式や、この方式を採用する団体を、投票チャリティという。一八世紀末からその存在がロンドンで確認され（ランダムな籤引きで入所者を選ぶ団体はそれ以前からあった）、一九世紀後半にはロンドンにあった篤志協会の五％以上が、この方式を用いて受給者を選出していた。しかも、ロンドンにとどまらず、史料上確認できるだけでも、マンチェスター、リヴァプール、バーミンガム、エクセター、ウスター、ノリッジ、ケンブリッジ、コルチェスターで行われていたし、スコットランドのグラスゴーやアイルランドのダブリンにも存在した。おそらくイギリス以外では類例のない、きわめて特殊な現象である。

幼年孤児院は、七歳未満の「健康」な孤児を入所させた。一八三八年の規則では、年寄付半ギニーまたは一括寄付五ギニーにつき一票が与えられ、寄付額に比例して票数は増やされた。全国慈善協会は、六〇歳より上の老人で、年収が三〇ポンド未満の候補から年金受給者を選ん

図16　投票チャリティの様子
賑々しい活気に満ちた雰囲気が印象的.

だ。一八四七年の規則では年寄付五シリングにつき一〇票、一八五一年になると年寄付五シリングで一票が付与された。このように、団体によって一票の価値は異なっており、団体内でも時期によって変動した。全国慈善協会の一八五二年十一月二十五日の選挙では、一〇〇人以上の候補が立ったが、当選したのは一八人だった。最多得票の第一位は一一八二票を得、一八番目の最下位当選者は八〇三票を得た。

　どの団体も、受給者候補を選挙する手順はほぼ同じであった。まず、救済を希望する人（あるいはこの人を応援したい人）が当該団体の運営委員会に申請する。申請書を調べて欠格者（年齢などの条件を満たさない者）を却下し、残った者で候補者名簿を作成し、団体の会員（寄付者）に公表する。ここから公示された投票日まで、各候補の支援者たちが、会員に手紙を書いたり戸別訪問をしたりして、投票勧誘を繰り広げる。白紙委任状を手に入れる動きもあった。会員の住所や寄付額は年次報告書に公開されていたので、候補の支援者は、脈のありそうな会員を重点的に勧誘したようである。そして、いよいよ投票日を迎える。その日の熱気と異様な光景は、一八九六年に、イギリス孤児院の投票日に居合わせたエディンバラから来た女性によって書かれたルポルタージュに活写されている。

広い壮麗なホールはほんとうに人でいっぱいでした。〔中略〕「《英孤児》〔イギリス孤児院〕の票はお持ちですか？」「私のぼうやのために投票していただけないでしょうか」と未亡人が懇願します。「ええ、二五票あります」と、彼女が訴えかけた紳士は応じます。「ただ、差し上げるわけにはいかないのです。《不治病》〔王立不治患者病院〕の三二票と交換したいのです」。この母親は……次から次へと別の人に声をかけては控えめな態度で要望するのですが、そのたびに断られていました。……かわいそうな未亡人はすっかり落胆して去っていきました。……投票締め切りが迫ってくると、取引はさらに熱を帯び、激しいものになりました。ここに、せかせかした様子の太った男性が、たくさんの紙束を抱えて、登場し、争いに参加してきました。「私が請け負った候補はみんなうまくいきますよ。一度目か二度目の選挙で当選します。奥様、ご希望されるなら、貴女の候補を私に任せてくださるなら、次回はうまくいくことをお約束しますよ」。

このように、候補(父を亡くした子ども)を孤児院に「当選」させるべく、孤児の母親や支援者は最後の努力を傾けた。会場には国政選挙よろしく候補者の名前と窮状を書いたプラカードが林立した。別団体の選挙用の票を確保するために、この団体の選挙用の票を今まさに必要としている人と交渉して有利な条件で交換しようとする人もいたし、当選を請け負うプロの選挙ブローカーまで出没した。支援者が締め切り間際に寄付額を増やして必要な票を買い足すようなことも起きた。

お気に入りの孤児や老人のために選挙活動にいそしむミドルクラスの男女の姿は、現代の感覚からすると、偽善にほかならないようにも思われるが、本人たちは真剣だった。一八七〇年代初頭まで、この方式に対する批判はほとんどなかった。ごく自然なチャリティのやり方だったのである。たしかに、一八七〇年代から二〇世紀初頭にかけて、理性ではなく感情で動いている非効率きわまりないものと目された投票チャリティは、これを目の敵にするチャリティ組織化協会を母体にしてできた投票チャリティ改革協会を中心にして、小冊子やビラを駆使した大々的なネガティヴ・キャンペーンの対象になった。にもかかわらず、投票チャリティはなくならなかった(第二次大戦期に、戦争が原因で行われなくなる)。

なぜ投票チャリティは支持を集め続けたのか。団体の運営委員会に選択を委ねた方が、はるかにコスト・パフォーマンスはよい。選挙方式をとれば、寄付金のほかに、勧誘のための手紙を書いたり訪問したりといった手間や郵便代がかさむし、支援している候補者が落選した場合、それらの追加負担は無駄になってしまう。効率だけを考えるなら、追加のコスト分を寄付に回して、選挙ではなく運営委員会による選択にすれば、救われる孤児なり老人の数は増える。

しかし、投票チャリティの支持者は、この一見無駄で非科学的なチャリティの方を選好した。チャリティに関わっているという実感が得られるのだ。選挙活動はエキサイティングだし、支援する候補者と親しい結びつきが感じられる。勧誘に際しては社交の延長にもなり、勝ち負けがつくから達成感もある。望みの候補者を当選させられたら次も、と思うし、落選してしまったなら、次こそは、と思う。この方式は、そういう点で団体にとっても寄付者をつなぎとめる「売り」となった。報告書に掲載される恩恵を受けた人からの感謝の手紙も励みになった。

「寄付者民主主義」のもうひとつの側面は、私たちの感受性とは相いれないものであるが、この特殊な民主制が行われていたからこそ、国政選挙で選挙権が与えられなかった時代から、ミドルクラスの男性と女性は、一種の模擬国政選挙を「楽しんだ」のである。犠牲になったのは、「友人」が少なく、何年も候補になりながら、落選し続ける孤児や老人とその家族であった。しかし、これまで述べてきたように、ヴィクトリア時代のチャリティの与え手は、受け手の気持ちをその立場に立って斟酌することをしなかった。

寄付者を惹きつける工夫と資本主義社会

訪問やセツルメント活動、チャリティ選挙だけが寄付者を惹きつける仕組みだったわけではない。そして、不断の工夫が要請される姿は、営利企業をほうふつとさせるのである。現在、チャリティにはとかく前近代的なイメージが持たれがちで、利他のことを、損得を度外視した宗教的で不合理で「不経済な」行為とみなしたくなるかもしれない。しかし、一七世紀末以降、イギリスで開花した篤志協会型チャリティは、株式会社と強い類似性を示す。

資本主義経済の主要なアクターである株式会社の方式は、一七世紀に、東インド会社などの特権会社において採用され、個人では不可能な規模の資本金を集め、野心的な企業活動を進めることを可能にした（興味深いことに、自らの計画《プロジェクト》を公益に資する一種のチャリティだと標榜することもあった）。ところが、イギリスでは一七二〇年、南海泡沫事件という名で知られる投機バブルとその崩壊を早期に経験したため、同年に株式会社禁止法が制定され、以来、一九世紀初頭までごくわずかの例外を除き、株式会社は認められなかった。

営利事業の分野での株式方式の空白期に劇的に成長したのが、これとほとんど同じ方式をとった篤志協会型のチャリティであった。すなわち、ある目的を掲げて（新規ビジネス／新規の弱者救済事業）、それに賛同する人たちから出資を募り（株式購入／会費・寄付金納入）、出資者たちが選出した委員会(取締役会/運営委員会)によって運営されるのである。

形式が似ていただけではない。「市場」での振る舞い方も近似していた。企業は独自に商品を開発して購買者市場に投入する。商品が市場から高い評価を受けると、他社も類似商品を開発して市場に参入し、競争が発生する。競争の中でより「良い」商品が生まれることもあるし、ターゲットをずらして新規の商品や市場が開拓されることもある。競争に敗れて市場から退場することもある。同様のメカニズムは、購買者市場と並行して、資本市場にも見て取ることができる。購買者市場で評価される商品を提供する企業は、資本市場で資本を入手しやすくなる。逆に、評価が得られないなら、資本は引き上げられてしまう。

チャリティも同じである。あらゆるチャリティ団体は、いわば独自に「悲惨」を見つけ出し、それに対する「救済」をパッケージ化して提供する。病人には病院、老貧者には養老院、貧困子弟には学校、孤児には孤児院、スラム住民にはセツルメントといった具合である。「救済」の買い手は二重に存在した。一方には救済そのものを求める「受け手市場(購買者市場)」、他方には救済に対する資金援助を志向する「寄付者市場(資本市場)」である。受け手市場では、適切な救済の需要が高まるであろうし、完全に不適切な救済であれば、受け手は誰もそれを求めない。チャリティ団体は受け手市場の動向を見て方針を柔軟に変えたし、需要の高い分野には類似の団体が参入してくるし、さらに、新規の市場を開拓する場合もあった。

また、チャリティ団体は寄付者市場にも敏感に対応した。受け手にとって有益なだけでなく、当該団体を支援する人たちにとっても価値がなければいけなかったからである。いくら「良い」商品（救済）を提供しようとしても、元手がなければ活動はたちゆかない。一八世紀から、各種の篤志協会は年次報告書で説明責任を果たし、幹部の顔ぶれによって団体の「格」と信用性を内外に示し、公開される寄付者リストによって潜在的寄付者の参加を促した。年次総会や記念晩餐会、チャリティ・コンサートは格好の宣伝の機会になったし、投票チャリティのようなエンターテイメントを「売り」にすることもできた。

一八七〇年代頃から、こうした実践はより明白に、チャリティ団体が消費者（寄付者）に刺激を与えて購入（寄付）を促す形をとるようになった。言い換えれば、チャリティ団体は、生き残りを賭けて、広告、プロモーション、マーケティングにより一層力を入れるようになったのである。特徴的な組織を取り上げたい。イーストエンドで浮浪児などの救済、授産、移民支援を展開したバーナードーズ（一八六八年）と、都市スラムの「どん底階級」への職業訓練、シェルター提供、食糧援助などの他、刑務所訪問や出獄者支援、移民をすすめたキリスト教宣教団体、救世軍（一八六五年から活動開始、七八年にこの名称）である。

この二団体に注目した理由は、どちらも、当時の常識では「救済に値する者」とみなされなかった弱者を、積極的に救済しようとしていたからである。先述のチャリティ組織化協会は二団体を、先述の投票チャリティと同様、非選別的で非科学的だとして激しく攻撃した。その逆境の中から、バーナードーズも救世軍も、新規に寄付者を開拓しなくてはならなかった。

大口の寄付の目途がすぐには立たない状況下で、両団体は、子ども用の雑誌や冊子を創刊して販売収入を増やすとともに将来の寄付者を養成し、パブなど各所に募金箱を置いて小銭の収集に努めた。また、PRにも熱心に取り組んだ。バーナードーズは一八七七年から『日夜』という月刊誌を、救世軍は一八七九年から『鬨《とき》の声』という週刊誌を創刊した（一八八一年には子ども向け機関誌『小さな兵士』をスタートさせた）。『日夜』は九〇年代半ばには一四万五〇〇〇部を売り上げ、『鬨の声』は一八八三年のピーク時の部数は三五万部にのぼった。バーナードーズは写真を駆使し、ホームレスの少年少女の救済前と救済後の姿を対比してみせる手法で、観る人に強い印象を与えた。この「人道主義的写真」の手法は、二〇世紀以降、さまざまな団体が取り入れることに

図 17　救世軍の「軍法」
兵士に志願した者はみな，この書類に署名しなくてはならない．1907 年のもの．

図18　ソールズベリで1907年7月に挙行された「ライフボートの日」の行列

なる。

救世軍は、軍隊風の位階や制服を採用し、男女平等に昇進の機会があり、皆が「軍法」に従って活動した。常勤職を士官、その他のメンバーを兵士と呼び、この「兵士」が毎週行う献金のことは弾薬と称した。ランタンスライドを各地で上映したり、楽隊を組織し音楽や歌を披露するなど、見た目のインパクトは大きく、日本でもよく知られる「社会鍋」でも世間の耳目を引いた。聖餐式を執り行わない、あるいは非常にセンセーショナルな礼拝を持つ独特な救世軍の活動に反対する「スケルトン・アーミー」と称する暴徒は、度々襲撃事件を起こした。一八八〇年代からは国際化も進展し、一八八一年にはロンドンに「万国本営」が設置され、一八九五年には東洋人初の士官、山室軍平によって日本にも救世軍ができた。

企業的なチャリティは、一般的に、寄付者にさまざまな見返りを与えた。とりわけ、エンターテイメント性にあふれる「チャリティ的な消費」体験を提供した。具体例を二つ挙げる。

まずひとつ目の例として、一八九一年十月一日、ライフボート協会は、PRを促進し収入を増やすべく、世界初のチャリティ街頭募金イベントとされる「ライフボートの日」を内陸の大都市マンチェスターで開催した。三つの楽団を先頭に、装飾された山車、その後に馬に引かせた二隻のライフボートが続いた。行列のしんがりに協会のメンバーが募金箱を持って行進した。沿道にはさまざまな境遇の老若男女三万人が詰めかけ、その日だけで五〇〇〇ポンド以上を集めた。ライフボート協会の年間収入総額が四万ポンド程度だった頃にである。他都市でも続々と「ライフボートの日」が模倣され、第二次世界大戦が始まるまでは大きな収入源、諸都市の風物詩になった。一九〇〇年の年収入総額は一〇万ポンドを超えた。会費的寄付や一括寄付に頼っていた篤志協会の財政に新風を吹き込むこのアイデアは、多くの団体にも受け入れられた。

もうひとつ、一九世紀末以降の新機軸として特筆されるべき現象は、ロンドンのウェストエンドの劇場に出演する有名な舞台女優たちが、それまでの王女や公爵夫人などといったチャリティ団体の顔となるパトロンに代わって、募金集めの広告塔として活躍するようになったことである。一九一九年の『デイリー・メイル』紙には、チャリティ活動に熱心なマルバラ公爵夫人が、「現今のあらゆる団体の運営委員会の考え」は、「まず女優をつかまえろ」であり、「女優がだめだったら、次は公爵夫人だ」と述べたというエピソードが載っている。潜在的な寄付者は、セレブリティの要請に応えるという喜びを得ることができたのだ。二〇世紀後半以降に映画スターや有名歌手がチャリティの表舞台に立つ流れが、この頃に準備されている。

また、一九世紀イギリスの日常でもある資金集めのためのチャリティ・バザー(これもヴィクトリア時代のイギリスの産物)やファンシー・フェア(小間物市)が各地で開催されていた。手作りの品や掘り出し物を購入することがチャリティに繋がる(売上金がチャリティ目的に使われる)という喜びとともに、欲しいものを買うショッピングの快楽も与えられたのである。

図19　バザーの光景
『絵入りロンドン・ニュース』1874年6月20日.

バザー以外でも、各団体は出版物や写真、グッズ、また、ロゴの入った記念品を販売してPRするとともに収入を補塡した。購入する側はここでも購買意欲を満たされた。しかも、貪欲とは対極の利他的な雰囲気の漂う「倫理的」な消費行動だと考えることができた。クリスマスやイースターといった宗教的イベントも自己流に商業化し、世間が享楽的消費に傾きがちな点を批判して、この時期だから、と新聞広告を通じて宣伝し、寄付を求めた。応じた人々の満足度は高かったであろう。

そして、チャリティ団体は文字通りの体験型経済を提供した。寄付と関連付けたコンサートや舞踏会、パーティや仮装行列、スポーツ行事（自転車など）。投票チャリティも体験型である。現在では大いに普及しているが、なんらかのチャレンジ（時間と労力の犠牲）で寄付を呼びかけたり、参加費を払うチャリティ・イベントも企画された。これらは総じて参加者に十分なエンターテイメントを与え、逆に参加者は主催者に資金を供したのであった。宣伝とエンターテイメントの加味により、善行は資本主義社会の中の競争的環境を革新的に生き延びた。

エンターテイメント性から捉えるチャリティ

過去の「真面目」なチャリティ活動にエンターテイメント性を見出すのは、不謹慎な態度のように思われるかもしれない。しかし、ここを掴みそこなうと、私たちはイギリス史上のチャリティを理解できなくなる。三つの気持ちに沿って整理してみよう。㈠**困っている人に対して何かしたい――**。ただし、個人的充足や社交など楽しみの次元を含んだ満足感を得られるならなおよい。㈡**困っている時に何かをしてもらえたら嬉しい――**。善意で闖入してくる与え手との交流は、傷つく経験にもなり得るが、物質的な必要を満たしてくれるだけでなく、人間や社会への信頼感を高めてくれる。㈢**自分の事ではなくとも困っている人が助けられている光景には心が和む――**。イギリスでは年中、チャリティ関連のイベントが開催されており、貧困と悲惨と並んで、善意の成果（清潔な制服を着たチャリティ学校の生徒たちなど）もその機会に「展示」

された。ロンドンでは催事を網羅した「チャリティ・カレンダー」が出版されたりもした。救い救われる共同体としてのイギリス社会のイメージは、全般的な(半分は自己欺瞞的な)満足感を与えた。

一八、一九世紀の、そして二〇世紀以降のチャリティ団体は、「共同体《コミュニティ》」の福祉増進を強く意識した。チャリティの遍在するイギリス社会自体も、新聞や雑誌などを通じて、チャリティこそが村や都市やイギリスという「共同体」の紐帯の根幹をなすことを確認するような言説を流布させていた。自由主義イデオロギーの下では、結果として生じ、また再生産される経済格差は容認され、持たざる者への手助けは最低限に抑えられ、差し出される救済は、(義務的な公的救貧を除けば)持てる者の自由意志に委ねられた。そして、自由意志でなされるからこそ、救い救われる「共同体」は、旧い封建的な桎梏とは考えられなかった。

第四章　慈悲深き帝国――帝国主義と国際主義

一　海外進出の時代――「慈悲深き」強国

前章では、一九世紀末頃までのイギリス国内のチャリティの諸相に光を当ててきた。無数の善意が、この時代独特の仕方で、多面的に展開したさまが浮かび上がってきたと思う。

この国内での盛り上がりは、ブリテン島の外側へもあふれ出した。あまりにも国外の遠くの対象に「望遠鏡」を覗くように救いの手を差し伸べるため、足元の国内の弱者への「博愛主義的顕微鏡」がないがしろにされているという厳しい批判の声も聞かれたほどである。ディケンズの『荒涼館』（一八五二・三年）に登場するアフリカの文明化事業に精出しすぎて家庭を不幸にしているジェリビー夫人は、まさに「望遠鏡的博愛主義者《フィランスロピスト》」の寓意であるし、「文明化事業」の持つ強烈な魅力、エンターテイメント性を証してもいる。

それでは、実際の一八、一九世紀におけるイギリスの対外的なチャリティを見ていこう。

図20　望遠鏡的フィランスロピー
イギリスの擬人像である女神ブリタニアが望遠鏡で遠隔地の黒人の境遇に気を配っていると，ロンドンの浮浪児が彼女の裾をつかんで，「もっと黒くないと気にかけてくれないの？」と問いかけている．

イギリスの対外進出の歴史

すでに論じたように、イギリスの歴史は海と不可分であり、その海を越えて、「帝国」は形成された。もっとも、中世の盛期まで、イギリスは帝国の主体というより構成要素であることの方が多かった。紀元前五五―五四年のカエサル侵入を前哨戦として、紀元四三年に、ブリテン島は属州ブリタニアとしてローマ帝国の一部となった。一〇一六年にはデンマーク王子クヌートがイングランドの王位につき、デンマーク・イングランド・ノルウェーに広がる「北海帝国」に組み込まれた。一〇六六年にはノルマンディ公ウィリアム（ギヨーム）による征服をうけた。一一五四年にイングランド王に即位したアンジュー伯ヘンリ（アンリ）二世のもとで、イングランドは、フランスのノルマンディ、アンジュー、アキテーヌ、ブルターニュにまたがる「アンジュー帝国」の一角となった。

イギリス（イングランド）が本格的に帝国形成の主体になるのは、一四八五年に成立したテューダー朝期である。始祖ヘンリ七世と息子ヘンリ八世の治世の間に、スコットランド王国を武力で圧し、ウェールズを統合し（一五三六年）、アイルランドの王となった（一五四一年）。こうしてイングランドを中心に凝集性を高めつつ、対外的には、一四九七年にヘンリ七世に支援されたジョン・カボットがニューファンドランドに到達し、後の領有権主張の根拠となった。

メアリ一世治世の一五五五年にはロシア貿易の独占権を与えられたモスクワ会社が設立され、エリザベス女王の治世には、ウォルター・ローリーがヴァージニア植民を果たし、一五九二年には東地中海方面との貿易独占権を持つレヴァント会社（虜囚救出のための財団を設立したトマス・ベットンは、この会社のメンバーでもあった――九二頁）、一六〇〇年には広大なアジアを含む東インド方面の貿易独占権を有する東インド会社が設立され、イギリス人は商機を求めて四方へ進出を始めた。

一七世紀には北米への植民が本格化する（一七三三年までに北米一三植民地が成立した）。神話に彩られた「ピルグリム・ファーザーズ」のマサチューセッツ植民は一六二〇年のことであった。また、一六七〇年には今のカナダ北東部にあたるハドソン湾沿岸との貿易独占を有するハドソン湾会社を設立して先行者フランスと対抗し、ジャマイカやバルバドス、アンティグアなど、西インド諸島にも地歩を築いてゆく。アイルランド「王国」も事実上の植民地とした。

七年戦争後の一七六三年にはカナダ全土の植民地化をフランスに承服させた。一七七五年に勃発したアメリカ革命により北米一三植民地を喪失するも、インドでは一七五七年のプラッシーの戦いでライヴァルのフランス勢力を駆逐し、六五年にはベンガル地方で東インド会社が地税徴収権を獲得して、同社は貿易会社からインド統治を担う機関へと変貌してゆく。一般に、このような北米からインドへの重心のシフトを、「旧帝国」から「新帝国」への転換と呼ぶ。

一六世紀から一八世紀の間の出来事としてもうひとつ注目すべきは、「イギリス帝国」認識の形成である。ブリテン島が、イングランドとウェールズとスコットランドに分かれているにもかかわらず「ひとつ」の世界であるという認識の根幹には、ローマ建国者アエネアスの曽孫ブルータスがアルビオンの巨人を倒して王となり、その地を「ブリテン」と名付けたとする伝説があった。この起源神話を背景に、一五四〇年代にイングランドへのスコットランド服従問題をめぐる議論がおこると、そこで「スコットランドとイングランドはひとつの帝国」だという主張がなされた。

一六〇三年、実際にスコットランドとイングランドの同君連合が成り、同じプロテスタントの事業としてアイルランドのアルスターへの植民が実施された。このとき両者は区別なく「ブリテン人」と呼ばれた。同じころ、擬人像「ブリタニア」も登場する。一七世紀半ばのイギリス革命で一旦王政が廃止され、護国卿オリヴァー・クロムウェルの下でイングランド中心の

「コモンウェルス(王のいない共和国)」が成立したときには、帝国でもあった共和政ローマへの憧憬から、共和国の自由を失わずに帝国的発展を続けようとする志向が目立った。王政復古した一七世紀後半以降は次第に古典古代的な発想からの脱却が進み、自由貿易と帝国という組み合わせ、すなわち世界の富を集める「イギリス帝国」という自己認識が確立した。

一七九二年にイギリスの植民地は二六あった。勝者としてフランス革命・ナポレオン戦争を乗り切った一八一五年にその数は四二になった。一八二〇年代から約半世紀にわたり、イギリスは軍事的、経済的な優位を活かした自由貿易帝国主義——軍事力をちらつかせて自由貿易のルールを世界の諸地域に広める姿勢——を奉じていたので、国内で帝国への関心は低下し、領土膨張の意図も乏しかった。にもかかわらず、アヘン戦争の結果、香港の割譲を受け、シパーヒーの乱(一八五七—五八年)を経てインドはイギリス支配を強化され特別な帝国の一部となった(一八七七年にヴィクトリア女王はインド女帝となる)。また、オーストラリアとニュージーランドには一八五〇年代に白人自治を認め、ペルシアやアフガニスタン、ラテンアメリカや中国には間接的な影響力を強めた(非公式帝国と呼ばれる)。

一八七〇年代以降は、諸列強で帝国主義的政策がとられたことに対応し、イギリスは積極的に帝国の拡大路線をとり、民衆はこれを熱狂的に支持した。とくに太平洋やアフリカ、東南アジアに勢力を伸ばし、エジプトも事実上の植民地にしていった。一九一四年には、世界人口の四分の一（五億人）、地表の五分の一を支配下に置いたとされる巨大な帝国になった。

それでは、イギリスは「帝国」の弱者に対して、どのような姿勢をとったのであろうか。ここでもイギリスは、帝国支配の本質をなす武力行使、そして先住民や黒人奴隷や現地民の搾取や弾圧や殺戮の一方で、チャリティ的に振る舞った。

人道主義・人道的支援の前史

帝国におけるチャリティを考えるためのヨーロッパ史的文脈が三つある。第一は、征服した異教徒に対する迫害をキリスト教会が批判し抑制する、中世以来の伝統である。コロンブスの新大陸到達からほどなく、一五一〇年にはドミニコ会士が現地入りを始める。翌年にはそのドミニコ会士によってスペイン人の横暴が告発され、本国を含め大きなスキャンダルとなった。ドミニコ会士ラス・カサスは一五四二年に『インディアスの破壊についての簡潔な報告』で国王カルロス一世に対してスペイン人の非道を告発し、一五五〇—五一年にはインディオ支配の是非をめぐりセプールベダとバリャドリード論戦を繰り広げた。

スペイン帝国の暴虐を喧伝する「黒伝説」がヨーロッパに流布すると、イギリスなど後発の「帝国」は、そのネガティヴな先例との差異化に腐心する。そして、現地人の搾取ではなく向上のための植民地化という論理がしばしば用いられることになった。

第二は、宗教的マイノリティに対する迫害の抑制である。古代以来受け継がれてきた、王政、貴族政、民主政を軸とした政体論によれば、暴政（暴君による恣意的な支配）はつねに最悪の類型をなしていた。一三世紀、トマス・アクィナスも、暴政を最悪の犯罪行為とみなし、これを制止することの正当性を説いていた。そして一六世紀、宗教改革と対抗宗教改革が進展すると、カトリック圏のプロテスタントやプロテスタント圏のカトリックのような、当局から弾圧を受ける宗教的マイノリティが新たに発生する。一六世紀後半になると「暴君放伐論《モナルコマキ》」が唱えられ、最悪の暴政を放置することは許されず、他国の君主が迫害に苦しむ弱者を守るため、そこに軍事介入することは正当な責務と考える思想が定着してきた。

エリザベス一世がフランスやスペインに介入した時の口実は、プロテスタント迫害という暴政の阻止であったし、逆にスペインのフェリペ二世がイングランド侵攻（クライマックスとして一五八八年のアルマダ海戦）を企図した際には、カトリック教徒が大半のアイルランドにおいてイングランドが行っていた暴政を持ち出した。一七世紀半ばには、サヴォイア公国ピエモンテでヴァルド派が迫害され、三〇〇人が虐殺、一四〇〇人余りが追放途上で死亡したことを受け、オリヴァー・クロムウェルは三万八〇〇〇ポンドを集め、並行してサヴォイアとフランスに対して外交ルートから圧力をかけて迫害停止を実現した。一七世紀末から一八世紀にかけても、ヨーロッパ大陸で苦しむプロテスタント同胞を救援するための募金がなされた。

ギリシア独立戦争中の一八二二年に生じた「キオス島の虐殺」に呼応して巨額の支援募金が集まった事例も、オスマン帝国で一八九〇年代に度々生じたキリスト教徒アルメニア人虐殺問題に対して、晩年のウィリアム・グラッドストンが並々ならぬ熱意を注いだ事例も、この流れで理解すればよいだろう。

帝国におけるチャリティを考えるための第三の文脈は、大西洋黒人奴隷貿易や奴隷制度への反対の動きである。大西洋横断黒人奴隷貿易は、一二〇〇万人以上もの黒人をアフリカから引き離した。そのうちの三分の二は一七世紀末から一九世紀初頭に行われ、イギリスの港を出た船は一八世紀の間、少なくとも二三〇万人の輸送に関わった。イギリスは同時期において最大の奴隷貿易国であった。奴隷貿易と、西インド諸島や北米大陸でのサトウキビ、綿花、タバコなどのプランテーションから得られる富は莫大で、イギリス本国の議会にはそうした権益を代表する強力な西インド利害が一角を占めていた。

奴隷貿易・奴隷制度を正当化する言説は蔓延していた。黒人は劣った存在である、黒人は奴隷となることでかえって文明の恩恵を受けられる、聖書でも奴隷制度は否定されていない、合法的に奴隷を所有している人の私的所有権は侵せない、奴隷貿易は船員の訓練機会になっている、イギリスだけ止めても他国に利するだけ、など。聖職者も積極的に擁護していたし、ほとんどのイギリス人にとって奴隷貿易・奴隷制度は、特段非難されるべきことではなかった。

それがゆっくり変化するのが一七八〇年代以降であった。ウィリアム・ウィルバーフォースやトマス・クラークソン、そして、道徳・宗教小冊子廉価叢書で知られる女流作家ハンナ・モアら国教会内の熱心な福音主義者たちや、クエイカー教徒ら非国教徒たちの議会内外での粘り強い奴隷貿易廃止運動は、データを収集し、中流層以上に属する女性たちの広範な支持を集め、彼女たちは砂糖の不買運動などを展開し、男性とともに議会への請願署名活動も熱心に取り組んだ。さまざまな要因が重なって、一八〇七年に奴隷貿易廃止法が成立し、奴隷貿易は禁止された。

その後、イギリスは世界最強の海軍力と、イギリス主導でシエラレオネのフリータウンやリオデジャネイロ、バハマ、スリナムに設置した国際的な合同法廷を梃子にして、他国による奴隷貿易の積極的な取り締まりを進める。イギリス海軍は一八一一年から六七年にかけて一五八八隻の違法奴隷貿易船(大半が非イギリス船籍)を拿捕し、一五万人以上を解放したとされる。また、一八一九年から七一年にかけて、合同法廷は六〇〇隻以上の奴隷船に有罪判決を下し、八万人弱の黒人を解放した。

一方、一八二三年には奴隷制反対協会が設立され、奴隷制度自体の廃止の機運も高まった。一八三三年に奴隷制度廃止法が制定され、翌年から五年をかけて、イギリス帝国全域で奴隷は解放された(プランターは賠償金を得た上、代わりにインドや中国の低賃金労働者を導入した)。イギリスは晴れて、奴隷制度の糾弾という人道主義的な外交カードも手に入れたのであった。

このように、一九世紀に入った時点で、帝国に組み込まれていく先の現地人のケア、プロテスタント意識に彩られた宗派マイノリティの迫害からの救出、そして奴隷の解放という三つの文脈が、イギリス帝国のチャリティの底流をなしていた。要約するなら、不平等を前提にした「保護」が、帝国チャリティのキーワードになっていく。

劇詩『博愛の帝国』

近代イギリスにおけるチャリティ意識を具現化している詩が一八二二年に刊行されている。『博愛《フィランスロピー》の帝国――国民的模範としてイギリスの卓越をあらわす人の肖像画を付す――註解つきの劇詩』。作者は今では記憶されることのないウィリアム・シウォード・ホール。タイトルにある「肖像画」の主は、ヨーロッパを股に掛けた監獄の改善運動によって一八世紀を代表する博愛主義者となったジョン・ハワード(一一五頁)である。以下では、この劇詩の内容を紹介しながら、当時のイギリス人が共有していたであろう「チャリティの帝国」のイメージを追体験してみたい。

序文には、この劇詩のねらいが、「寛大なイギリス人」を称賛し、「人類の幸福を増進する」一層の尽力を要請し、同時に、「慈善心あふれる慕わしい我が祖国を、博愛の偉大な国の世界的な模範として紹介する」ことにあると記される。チャリティを特徴とするイギリス、という意識が明瞭にうかがえる。それでは、中身はどうなっているのだろうか。

第一幕第一場は、空が不可思議に光り輝いている風景に設定され、観察者とその師が対話をしている。観察者は光の中に、神が博愛《フィランスロピー》のために開く祝宴を見る。招待客は学問、科学、芸術、自由、慈恵、美徳、敬虔である。第二場は宮殿で、博愛が帝衣をまとって豪華な玉座に着き神に感謝の祈りをささげている。観察者と師は交互に博愛を讃仰する。第三場は宴会の開かれる宏壮なホールで、博愛に招き入れられる上記の客たちが順番に自己紹介をしている。それを観察者と師が感激して見ていると、無数のチャリティと寛大な行為のトロフィで飾られたブリタニア像がせりあがってくる。それに対し、博愛と観察者と師は、イギリスが奴隷貿易を廃止したことから説き起こし、交互に具体例を挙げて讃美を繰り返す。

一八〇七年に実現した奴隷貿易廃止については、これを長年にわたって主導した「博愛的な意志によって統御された魂」をもつウィリアム・ウィルバーフォースの名が引かれる。続いて、「見よ、その地をいかにチャリティが飾っているか！／讃美せよ恩恵を――イギリス人に生まれたことを！」と述べる観察者が、「捨て子や孤児や傷病者や狂人を／楽にし、援助し、救済する」イギリスの「無数の組織」に注意を促す。溺れた人や自殺未遂者の蘇生を行った王立人道協会（一七七四年）の事業や、貧しい妊婦の出産支援、債務者監獄に投獄された者を救援する活動、「困窮した老人――耳の聞こえない人――口のきけない人――目の見えない人」への援助、病人宅への訪問、貧者のヘルニア治療、さらには「犯罪者も彼女(イギリス)によって忘れられはしない」と列挙される。

博愛が種痘法を確立したエドワード・ジェンナー(一七四九―一八二三年)を顕彰すると、今度は観察者が、「イギリスの英雄たち――すなわち兵士と船乗りには/年老い、あるいは、戦争で傷ついても」、「収容施設と給付がある」と応じる。これは一七世紀末に国王によって設立された水兵用のグリニッジ・ホスピタルと、陸軍兵士用のチェルシーのロイヤル・ホスピタルを指している(どちらも現存)。次に、「目にし――感じて――救いを差し伸べ、和らげた/捕われ人の苦悶を――ヨーロッパ中を踏破し/監獄を改善し、そして/囚人の友となった」としてハワードの事績が語られて、それから、北アフリカのバーバリ私掠者/海賊の手で鎖に繋がれたキリスト教徒虜囚を、一八一六年の遠征によって最終的に解放した海軍提督エクスマス卿が称えられる(九三頁)。

観察者は「博愛のイギリスは気高くも先頭を行く」と連呼する。すると、ヨーロッパ、アジア、アフリカ、アメリカが歌いながら入場してきて、これに博愛と観察者と師が合流し、「その博愛の及ぶ範囲は――世界」、「その贈り物が行き渡るのは――世界」などと唱和する。

第二幕は花咲き乱れる庭園のあずまやの舞台で進む。博愛と観察者と師が座っている。中心となるのは観察者と師のデュエットで、手を変え品を変え博愛を讃美して、それを具現化しているイギリスの、とくに奴隷貿易の廃止を寿いでいる。そして、イギリス国外の悲惨に目を向けるべきこと、その導きの糸が博愛であることを語り合う。

第三幕は広大な眺望が舞台となっている。博愛と師と観察者に加え、予言者と、ヨーロッパ、アジア、アフリカ、アメリカが居並ぶ。観察者は地球上を見渡し、偶像崇拝や、ジャガノート車（クリシュナ神像を乗せた山車）に轢き殺されようと身を投じる狂信や、寡婦殉死の慣行や、敵の肉を食べる風習や、国王死去にともなう臣下への殉死強制や、大地や海を血で染める残虐な戦争などを見出す。これに対し、予言者は将来の至福の到来を告げ、博愛を喜ばせる。博愛は「この喜ばしい日を期待して、イギリスよ！　汝の輝かしき模範を十全に示せ！」、「汝の博愛的な腕を広げよ」と念じる。

するとそこに、黒人とその妻、二人の子どもがやってきて、一八二二年現在、いまだ奴隷制度の下で呻吟する境遇からの救出を嘆願する。博愛は一方でこの黒人たちにイギリスを頼るよう助言し、イギリスには奴隷を解放するよう訴えかける。なんといってもイギリスが彼らのために行動することは十分期待できるから、師は、「イギリスがイギリス的行為をした暁には、イギリスと愛は二つで一つになるだろう」と夢見るのである。イギリス帝国全土での奴隷制度の廃止方針が決まるのは一八三三年のことであった。

『博愛の帝国』は、キリスト教の信仰と啓蒙の理性を両立させたイギリスが世界の道徳的頂点にいることを疑わない。イギリスのチャリティが国内から国外にわたり、切れ目なく広がるものとして想像されている。私たちから見れば、あまりにもロマンチックでナイーブだ。しかし、これはチャリティを行う無数のイギリス人の自己理解をかなり忠実に表現している。

二　帝国とチャリティ

キリスト教宣教とチャリティ

多くのチャリティ団体が本拠を置き、またさまざまなイベントを行ってきたロンドンのエクセター・ホールで、一八八八年の春、世界プロテスタント宣教百周年記念会議が開かれた。イギリスを拠点にする五三の宣教組織の代表一三一六人が参加した。このときのスピーチによれば、五〇年前には一〇しかなかった団体数は一〇〇以上に増えた。一八八九年には、イギリスで海外宣教協会に寄付された金額は一六〇万ポンドにのぼり、そのうち七二%は、主要な五つの団体に寄せられた。すなわち、国教会系で福音主義的な教会宣教協会(一七九九年)、同じく国教会系だがより古く、高教会派の福音普及協会(一七〇一年)、会衆派系のロンドン宣教協会(一七九五年)、ウェズレー派系のメソディスト宣教協会(一八一八年)、そしてバプテスト宣教協会（一七九二年）である。

この五団体とその他の無数の海外宣教団体は、帝国およびその外部世界に住む異教徒にキリスト教の福音を伝道するという使命を託し、宣教師を派遣した。しばらくは伸び悩んだが、八〇年代頃から急成長を遂げ、一九世紀末には一万七〇〇〇人余りが宣教活動に携わっていた（うち九〇〇〇人強がイギリスから派遣され、残りの多くはアメリカ合衆国出身であった）。

宣教はチャリティと密接に結びついていた。異教徒へキリスト教を伝えるといっても、まずは信頼を得て、教会に興味を持ってもらわなければならない。そこで宣教師たちは、本国から得た資金を元手にして、伝道地域で不遇をかこつ人々に施しをしたり、無料で医療を提供したり、学校を建てたりした。

たとえば、一八二四年現在、カルカッタには次のような宣教団体によるチャリティが運営されていた。教会宣教協会系としては同協会のカルカッタ支部が貧しい現地人子弟のための学校を複数運営し、宗教小冊子の印刷頒布を行った。ロンドン宣教協会も同様に、聖書・宗教書の頒布や学校運営をしていた。また、福音普及協会は主教カレッジを設立し、そこでヨーロッパ人、インド生まれのヨーロッパ人、および現地人からなる若いキリスト教徒に教育を施し、彼らを宣教師か学校教師にした。バプテスト宣教協会は最初にベンガルのセランポールを活動拠点にしており、そこでは困窮児童教育慈善協会が英語または現地語で教育をするための学校が五つ存在していた。

医療宣教のグローバル展開と「二重の治癒」

宣教のきっかけとして、教育と並んで医療は重視された。イエスの数々の治癒の奇跡になぞらえて、医療は改宗をうながす好適な手段だと考えられていたからである。M・M・ゴードン『二重の治癒――医療宣教とは何か?』(一八六九年)は、無償の医療を通じた宣教の歴史的なグローバル展開をよく示している。

それによると、医療宣教のアイデアを最初に示したのは一八世紀初頭に西インド諸島の所領(年価値二〇〇〇ポンドの、奴隷を用いたプランテーション!)を福音普及協会に遺贈して、「内科、外科、および神学の研究と実践のための」カレッジ設立を求めたC・コドリントン将軍である。「内科と外科が人々の身体のケアをすれば彼らの魂にも善をなす機会が得られよう」ということの計画(一七四五年開学)から、コドリントンは「現代医療宣教の父」とされる。

次に登場するのは、ドイツで勢力を持ち直していたモラヴィア兄弟団によって一八世紀半ばにペルシアに派遣された二人のプロテスタント医療宣教者、内科医F・W・ホッカーと外科医J・リュッファーである。彼らはイスファハンやバグダッドで活動し、リュッファー死後は、ホッカーはカイロに移り医療宣教を続けたが、ムスリム改宗の成果は挙げられなかった。

一八世紀末には、東インド会社船オックスフォード号の船医（外科医）だったイングランド人ジョン・トマスが独自にベンガルで医療宣教を続けていたが、一七九二年の一時帰国中に、設立されたばかりのバプテスト宣教協会の創設者ウィリアム・ケアリーと知り合い、翌年、共にインドに戻った。トマスはある時、クリシュヌという名のヒンドゥー教徒の肩の脱臼を治療した際、「イエス・キリストの救いの福音を患者に話して聞かせた」。クリシュヌはこうして医療を通してキリスト教徒に改宗した。また、同じ頃、元オランダ軍士官で、深い改心体験を経てエディンバラ大学で医学を修めたJ・T・ヴァンデルケンプは、ロンドン宣教協会に派遣されて南アフリカへ赴いた。彼は現地語をよくし、現地人女性と結婚して物議をかもした。しかし、キリスト教の布教という点では大きな成果を挙げたという。

図21　医療宣教
西アフリカで活動する教会宣教協会の女性医師が治療にあたっている．

　中国でも、一九世紀初頭から、ロバート・モリソンなどロンドン宣教協会に派遣された医師たちが医療宣教を開始した。中国では眼病治療が現地人にアピールした。アメリカの宣教団体のピーター・パーカー牧師は一八三五年に広東に眼科病院を開いたが、それを吸収する形で、一八三八年に中国医療宣教協会が設立された。アヘン戦争以後も患者数は増え続け、改宗する者もあらわれた。

ポルトガル領マデイラ島で医療宣教をしたスコットランド出身のプロテスタント医師ロバート・カリーは、カトリック教徒を改宗させる実を挙げたものの迫害に遭い、改宗者たちとともに自由な信仰の地をもとめて南アメリカに移住した。クルディスタンの山岳地帯では、A・グラント医師がネストリウス派(キリスト教の一派)のプロテスタント改宗を目指した。肉体と魂の「二重の治癒」を志す宣教者は、セイロン、シャム、ウルミエ(イラン)、サンドウィッチ諸島(ハワイ)、琉球諸島(ハンガリー生まれの帰化イギリス人B・J・ベッテルハイムは牧師・医師で、海軍琉球宣教協会から派遣され一八四六年に那覇に到来し、天然痘対策などで成果を挙げた)に広がった。

イギリス本土における医療宣教を看板に掲げた中心となる団体は、ロンドンにはなく、先述の中国医療宣教協会の補助協会として出発したエディンバラの医療宣教協会がその役を果たした(一八四四年から独自の医療宣教者を派遣するようになる)。

右ではイギリス外での宣教団体として、イギリスに拠点を置き「異教徒」の改宗を主任務とした「海外宣教」団体を紹介したが、イギリス帝国にとって重要な宣教の形があと二つあった。

第一は「国内宣教」である。一八世紀半ばに誕生したメソディズムは、国教会の司牧の及ばない大都市の労働者集住地域に宣教して教勢を高めたことはよく知られている。一九世紀後半には、船員や、イギリス中の鉄道・運河・港湾・下水道を建設・整備する土木作業員《ナヴィ》が、定住しない一種の「遊動民《ノマド》」として、現場から現場を渡り歩き、公的救貧の対象から外れ、キリスト教にも触れず、社会的に恐れられ、差別されていることが問題視される。たとえば、イングランド北部の都市リーズで土木作業員の悲惨に触れたL・M・エヴァンズ牧師は、一八七七年に土木作業員《ナヴィ》宣教協会を設立した。一八九一年には、全国に支部が広がり、機関誌『土木作業員への四半期書簡』は二万部刷られ、二三〇〇ポンドの寄付収入を得た。スラムにも多くの宣教団体が進出して救貧を担った。

第二が「植民地宣教」である。海外宣教団体に比べると財政規模は小さいが、現地の異教徒ではなくそこに入植している白人キリスト教徒のための重要な活動である。一八四〇年代以降、現地の国教会に対する国家支援はなくなってゆき、多宗派共存・競合の時代へ入っていった。一八一五年から第一次世界大戦期にかけて、イギリス(アイルランド含む)から一六〇〇万人が移民したのだが、一九〇一年には、カナダ、オーストラリア、ニュージーランド、ケープ植民地などに約一〇〇〇万人のイギリス系白人キリスト教徒の世界が作り出された。ここに、世俗的なイギリス帝国と重なる、霊的な「神の帝国」、別の表現では、帝国内の英語を話す入植者の植民地ネットワークからなる「グレーター・ブリテン」(白人の国グレート・ブリテンの地理的拡大版)が形成された。

グレーター・ブリテンにおけるチャリティ活動も、本国内のそれと同様に、当地のコミュニティの安定のため、そして本国との紐帯を強めるため、宣教団体と結びついたりしながら、旺盛に展開した。たとえば、カルカッタのチャリティ便覧(一八二四年)は、「われらの祖国を栄光に輝かせ、文明世界をしてわれらが国民性を讃美せしめている無数の慈善組織にはっきりあらわれている、イギリス人の人道性と慈善心」を強く意識し、在カルカッタのイギリス人が「息子」として「母の見事な手本」を忘れていないことを明言した。

同じく、オーストラリアのニュー・サウス・ウェールズ慈善協会は一八一四年の報告書において、「イギリス人の慈善心」はイギリスの「現在の高貴な偉大さ」に大いに貢献していると述べた。同協会の設立は、そうしたイギリス人の国民性が「この僻遠の、名もなき世界の片隅においてさえ」弱まっていないことの証左である、と協会は考えた。他の植民地でも同様の意識は見られた。白人入植植民地を横断してチャリティの経験を積み実践を移植する人々もいた。

啓蒙とチャリティ――アボリジニ保護

明白にキリスト教化を目指す右記の諸団体と並行して、未開人の啓蒙により重きを置いた団体も複数設立された。アメリカ北部の先住民に「文明」を受け入れさせることを目的にしたアメリカ・インディアン文明化協会(一七九五年)、アフリカ「文明」を導くべくアフリカ人を教育しようとしたアフリカ協会(一八〇六年)、内外反奴隷制協会(一八三九年)などである。なかでもアボリジニ保護協会(一八三七年)は啓蒙とチャリティの関係をよく示している。

一八三三年、イギリスは帝国全土での奴隷制度の段階的廃止を法律で定めた。これまで奴隷貿易・奴隷制度の廃止という大義を牽引してきたウィルバーフォースの後継者、下院議員T・F・バクストンらの次の目標は、帝国各地の先住民をいかに正しく教導しイギリス支配に服さしめるかというところに置かれた。一八三四年にバクストンが動議を出したことがきっかけになり一八三五年から三七年にかけて、議会の命令により、バクストンを中心に、「アボリジニ(イギリス領)特別委員会」が招集された。

アボリジニとは、オーストラリアの先住民のみに限定した表現ではないことに注意してほしい。そして、「イギリス領になった国々の先住民とその近隣諸部族について、彼らに法をしかるべく遵守させ、その権利を保護し、文明の普及を促進し、キリスト教を平和的かつ自発的に受け入れさせるため」、採り得る方策を諮問された。対象地域は、南アフリカ、カナダ、ニューファンドランド、ニュー・サウス・ウェールズ(オーストラリアの一部)、ヴァン・ディーメンズ・ランド(タスマニア)、ニュージーランド、フィジーなど南海諸島におよぶ。各地について行政官や宣教者といった識者や、場合によってはキリスト教化した先住民の首長などが、証言に立ち、現地の実態を仔細に報告した。委員会は一八三七年に「報告書」を答申した。

結論は厳しい現状認識を示した。ヨーロッパ人の到来と平和的または暴力的な交流によって、先住民のモラルは低下し、ヨーロッパの悪徳(飲酒や武器など)が持ち込まれ、新しい危険な病気が蔓延して人口が減少し、「文明、教育、商業、キリスト教」の普及を妨げている、と。ヨーロッパ人は「異教徒と未開人にとって災厄」なのだ。翻って、「イギリス帝国」は神に嘉せられて強大で富裕なのだから、経済的な繁栄や軍事的栄光以上の目的を付託されているはずだ。すなわち、文明と人道、平和と善き統治、そしてキリスト教をもたらすことである。

同委員会は九つの提言をしている。現地政府に先住民の保護をさせる、白人との労働契約で不利にならないようにする、強い酒を売らない、土地への権利を守る、本国政府の許可なき領土拡大を禁止する、宗教的・世俗的教育を与える、白人による犯罪行為を罰する、不平等な条約をみなおす、そして、宣教師を支援する。

この諸提言にみられる現地人の「保護」を、議会内外で促進したのが、アボリジニ保護協会である。創設者は他ならぬバクストンと、もうひとり、クエイカー教徒の医師トマス・ホジキン(リンパ節癌を指す「ホジキン病」に名を残している)であった。ここに、彼らと信仰の近い福音主義的な国教徒とクエイカーを中心に人道主義者らが集い、「無防備な者を守り、文明化されていない諸部族の発展を促す」ことを目指した。そして、支部を作り、公開討論会を組織し、署名を集め、帝国中の宣教師などから寄せられた情報を啓発冊子（機関誌は『アボリジニの友』）に載せて広め、奴隷制の犠牲者を連れて各地を巡回し、議会でロビー活動をした。

一九世紀半ば以降、植民地が力を増してくるにつれ、本国政府および植民地省から派遣される行政官と、植民地白人の間の利害対立が高まった。植民地省は、植民地白人のアボリジニへの横暴な態度を問題視し、その権利を保護する上で、一方でアボリジニ保護協会を、他方で同協会を支持する現地の宣教師や博愛主義者を味方に付けようとした。協会は植民地の総督やそれ以外の行政官たちの間にも支援者を増やし、アボリジニの首長層の中にも協力者が出てきた。

一見、イギリス帝国の支配、白人による植民地主義を否定するかのような運動だが、その実、アボリジニ保護協会は、先住民を無法な白人の魔の手から保護するため、むしろ植民地の領域の「拡大」を求めていた。ヨーロッパ文明およびキリスト教の優越とその立場からの啓蒙の道徳的な正しさは大前提である点に、時代の子たる協会の特徴があらわれている。

この無邪気な思い込みが手痛いしっぺ返しを受けたことも記しておこう。ヨーロッパの文明国による「保護」は先住民の福利を増すのだという論理により、一八八五年のベルリン会議で承認されたベルギー国王レオポルド二世の「コンゴ自由国」について、アボリジニ保護協会はその計画段階から全面的に賛同する姿勢を打ち出していた。協会創設者のT・F・バクストンと同名の孫は一八七六年に、レオポルドほど優しい国王はいない、計画は皆への模範だと激賞した。コンゴ自由国は自由貿易の振興と奴隷貿易と奴隷制度の廃絶を旨とし、キリスト教的な倹約精神を涵養すると宣伝されていたので、一八九〇年に警察力を導入した際も、協会は、これは違法な奴隷貿易と酒類取引を摘発するためだというレオポルド側の主張を鵜呑みにした。

しかし、コンゴ自由国の実態は、苛烈な植民地搾取にほかならなかった。協会が賛同した警察力は、奴隷制を食い止めるよりも、それを助長するために用いられ、現地人にゴムと象牙の上納を、鞭や女性の人質化により強制した。協会は、ようやく一八九六年頃に事態の深刻さに気付き、一転、書記フォックス・ボーンやチャールズ・ディルク(前出の「グレーター・ブリテン」概念を広めた人物)を中心に、コンゴ自由国の惨状を批判する運動を展開することになる。ただし、この運動の主役は一九〇三年にE・D・モレルによって設立されたコンゴ改革協会であり、アボリジニ保護協会はこれには合流しなかった。協会は一九〇九年、並走していた内外反奴隷制協会に吸収される形でその歴史に幕を閉じた。

西洋中心主義が徹底的に批判され、ポストコロニアル状況への自覚が深まっている二一世紀の現在、アボリジニ保護協会の人道主義は異様に映るのではないだろうか。

先述のアボリジニ特別委員会の報告書には、帝国各地の先住民の福利が脅かされている理由の一つが「グレート・ブリテンとアイルランドの余剰人口のはけ口を見つける全国的な必要」であると記されている。国内の余った人々を救うという「慈善的で褒むべき目的を追求する」ことで、「自分たちの利害を主張したり、自分たちの苦難に対する同情を掻き立てる手段を持ち合わせていない人々」、すなわちアボリジニの権利が無視されているという矛盾した状況への自覚が、ここに示されている。イギリスのチャリティには、よりよい生活のために本土を離れる人たちを支援する活動も含まれた。

北米一三植民地は、イギリス本国での生活に見切りをつけた人々にとって、魅力的な大地だった。貧しくとも、年季契約奉公人としてやってくれば、ひとたび年季明けを迎えた時、農民としてであれ商売人としてであれ、独立した生計を立てる見込みがあった。しかも、北米植民地は、独立するまでは重罪人の流刑地でもあった。一七八八年からは現在のオーストラリアも流刑植民地となった。つまり、イギリスは帝国を本国の貧者や罪人を「棄民」する場として活用していたのである。一九世紀以降も、余剰人口のはけ口になっているというのは右記の報告書にある通りである。一七八七年から一八六九年にかけて、イギリスはオーストラリアに一六万二〇〇〇人の男女の罪人を送りこんでいた。

全般的に言って、イギリス本国から帝国へ移民するのは、罪人を除けば大半が男性であり、結果として、帝国における男性過多と女性不足、そして、本国における男性の減少と相対的な女性余りが生じるという観察が広く共有された。それゆえ、女性の移民が解決策として浮上してくるのであった。ウィリアム・R・グレッグは論説「なぜ女性が余るのか？」(一八六二年)でこう書いている。「私たちはバランスを回復しなければなりません」。そして、「女性を移民させることによって、旧い国(イギリス)と新しい国(植民地)における両性間のあの自然な比率を取り戻さねばなりません」。罪人(娼婦を含む)たちとは異なる「ジェントルウーマン」(ミドルクラスの女性)の送り出しが、切望されたのであった。

人口動態的に余ってしまった品位ある《リスペクタブルな》女性たちの苦境とそれへのチャリティ的な対策については、ガヴァネス慈恵協会のところ(八一頁)で触れたが、品位ある《リスペクタブルな》女性の移民支援もまた、同じ文脈で理解することができる。それでも、なぜチャリティの対象になるのか。ここでも注目すべきは「保護」という観念である。植民地相ジョゼフ・チェンバレンが一九〇〇年に述べているのだが、男性移民は自動的に自力で行うことが容易で「保護が必要ではない」が、女性の場合は事情が違っており、友人も親類もいない遠隔の地に「一人きりで保護もない女性を安全に送り出すことはできない」のであった。

一九世紀後半に、オーストラリアとニュージーランドへの女性移民を支援したチャリティ団体がいくつもできた。このうちイギリス女性移民協会(一八八四―一九一九年)は、その活動期間中、約一万六〇〇〇〇人を送り出し、類似団体の中で圧倒的であるが、それでも同じ時期のイギリス人女性移民全体の一〇%ほどにすぎない。つまり、自分の力で出ていく移民、あるいは政府によって支援された移民が大多数であった。それでも、チャリティ団体の活動はメディアなどを通じて喧伝され、イギリス人のチャリティに関する自己認識の強化に寄与した。

他方、受け入れ側でも、たとえばオーストラリアのクイーンズランドには、一八八五年、単身で移民してきた少女のためのチャリティ団体、レディ・マズグレイヴ宿泊・訓練所が設立された。知人のない異郷へやってきた少女たちに「後見と保護と親しい交わり」を与えるこのチャリティは、主として女性たちによって運営され、一八九一年には、その大半が完全に「保護もなく」この地にやってきたという少女一一三三人を宿泊所に受け入れた。

移民支援は、ジェントルウーマンだけが対象ではなかった。貧しい労働者階級の子どもを含む男女の活路として、帝国は注目されていた(労働者階級出身の宣教師も多い)。たとえば、前出の宣教団体、救世軍の創設者ウィリアム・ブース「大将」は、『最暗黒イングランドとその出口』(一八九〇年)において、ブリテン島に住む三〇〇万人の「どん底階級」を救済する「計画」を披瀝した。同書に挿入されている有名なカラー図版でより明快に示される。

この図版は、両端に配される柱(犯罪、飲酒、恥辱、困窮、絶望、死などの単語や、昨年の自殺者二二九七人、行倒れ死亡者二一五七人といった情報が見える)と、それらによって支えられる半円形

図22 『最暗黒イングランドとその出口』のカラー図版(上)と中段の拡大(左)

の石組み(頂点に「万人に仕事を」と記された要石、それを挟んで「救世軍の社会キャンペーン」とある)を枠にしている。下段では、闇夜に、多くの人々が難破し、賭博、自殺、失業、飢餓、ホームレス、破滅、絶望などが禍々しく渦巻く海に投げ出されている。そこに救いの手を差し伸べているのが、ライフボートや臼砲架綱装置(八八頁)を駆使する制服を身につけた救世軍の男女で、海の中央には「救済」と書かれた灯台が堅固にそびえたち、中段より上の箇所の「万人への希望」を明るく照らし出している。

中段に描かれる希望は「シティ・コロニー」で、食糧配給所や大人や子どものための授産施設、職業紹介所、夜間シェルターや「スラム十字軍(スラムへの訪問)」といった救世軍の活動が図示されている。その先(上方)には「ファーム・コロニー」が広がっていて、イギリス国内の農場での雇用が示唆される。さらにその先(上方)には海が広がり、船の行き先は「海外植民地《コロニー》」で、希望に満ちた生活を期待させる明るい太陽が輝いている。

救世軍およびブースの移民支援の計画は部分的に実現した。一八九四年に救世軍移民局が発足し、一九〇四年から一四年までに九万人の移民に関わった。しかし、救世軍も、イギリスが帝国を支配し続けていること、都合よく利用していること自体は、基本的に不問に付している。ここに私たち現代人との認識の差は明瞭にあらわれている。

チャリティの皮をかぶった文化征服?

帝国史において、チャリティは、必ずしも「やさしい」影響力というわけではない。ここまでの説明では、あたかもチャリティを施される現地に、民を生存させる既存の仕組みがまったく欠如していたかのような印象を与えているかもしれず、それを払拭するため、以下では、一九世紀前半のインド北部における事例を紹介したい。

インド北部のドアーブ地方は、一八〇三年に割譲征服地域として事実上イギリス領となっていた。この地は度々飢饉に見舞われたが、なかでも一八三七年から三八年にかけて生じた飢饉は深刻で、住民八〇〇万人中八〇万人が死亡したという。

当初、現地イギリス当局は、凶作によって物価が暴騰し、社会不安が嵩じて集団犯罪が起こると考えた。つまり、ある程度、犯罪の発生を不可抗力と捉えていた。しかし、やがて飢饉に苦しむ社会の中で起こる犯罪を、私有財産への攻撃だと意味付けるとともに、犯罪者は生来的にそうなのだと言い募ることによって、ローカルな共同体内の有産者層を自陣営に取り込もうとする。犯罪を個人化することでローカルな共同体の連帯を突き崩し、有産者層には伝統的な家父長的救済義務を免除する方向へ誘導していったのだ。

こうして、窮乏してやむなく犯罪に走る者に対する責任の空白状態が発生した。そこに介入したのが、イギリス当局とその意を酌んだイギリス系チャリティ団体だった。現地イギリス政府は公共事業を興し、犯罪予備軍を雇用して勤勉な労働者へと変造するとともに、飢饉の再発を防ぐための、前から必要性が唱えられていた灌漑設備のインフラを整備した。

本書にとって重要なのは、チャリティの役割である。諸団体は自分たちこそ、選別的で合理的で正しいチャリティだと喧伝しつつ活動した。そして、地元のヒンドゥー教徒やムスリムによるチャリティ的な伝統的実践、とくにワクフやザカート、サダカ(四頁)を、非選別的で、宗教的で、経済的な動機に基づく間違ったチャリティだと非難した。そして現地の英語メディアはこぞってローカルな伝統的救済実践を過小評価した。やがてこの価値観は現地インド人エリートにも浸透し、彼らはイギリス系のチャリティ団体に進んで参加していくようになる。伝統的なヒンドゥー、イスラームのチャリティ的実践は存続するのだが、この価値観の枠組みでは下位に位置付けられるに至る。

植民地政府とイギリス系チャリティが結託することで、地域の伝統的チャリティ的実践とそれを担った現地支配層の正当性は掘り崩された。一八六〇年代にはインド人エリートも、キリスト教的、ヨーロッパ的なチャリティをよしとする価値観を内面化するのであった。

異なる出自を持つ複数のチャリティ的実践が、イギリス帝国支配の文脈の中で、公平ではない条件で競合させられ、イギリス帝国と紐づいたチャリティ優位の階層秩序に再編される過程は、一方でドアーブ地方の灌漑整備と飢饉克服という進歩主義的な語り方に適合してしまうが、他方で現地人の内面まで支配する巧妙な文化帝国主義の顕著な例にもなっている。

チャリティには、それを及ぼす対象だけでなくその担い手をも、それと気づかせずに、ある権力関係に引きずり込む力があった。爵位や勲章が現地慈善家を帝国秩序に組み込む便法だったことも記憶されるべきだろう。

三　どういう金でチャリティをするのか

さて、チャリティに関するもうひとつの後ろ暗い問題に光を当ててみたい。ここまではチャリティの資金源について、とくに注意を払ってこなかった。富裕者が自分の財布から自発的に差し出す金はいったいどこから来たのであろうか。持つ者が持たざる者の上前をはねて致富した汚い金だ、と糾弾するのは容易だが、事態はそれほど単純ではない。主観的には、正当に先祖から継承した財産であり、農業にせよ商業にせよ工業にせよ働いて得た正当な報酬であり、合法的な投資から得た配当なのである。死後天国に行くための悪人によるマネーロンダリングのようにチャリティをみなすのは正しくない。

とはいえ、こうした主観的認識と客観的な事情がかなりかけ離れているとみなされる事例は、帝国に関わって目立つ。掛け値なしの利他的行為とも純然たる偽善行為ともいえない、歴史的なチャリティを理解するために、突出したエピソードを二つ、紹介したい。

エドワード・コルストン

二〇二〇年五月二十五日、米国ミネアポリス郊外の町で、白人警官により、手錠をされた上、膝で首を地面に押しつけられて、黒人男性ジョージ・フロイドが死亡した。これに対する抗議のデモが、新型コロナウイルスの問題がまったく解決されていない中、全米の諸都市で展開した。「黒人の生命は大切だ」というスローガンの下、根深い人種差別への怒りは海を越え、日本やイギリスでも同様のデモが続いた。六月七日、イギリス有数の港湾都市ブリストルでも、人々は抗議の声をあげた。奇妙なことに、その主張の一環として、彼らは一七世紀に活躍したエドワード・コルストンという商人の像を引き倒し、海に投棄した(その後引き上げられた)。なぜ一七世紀の商人の像が立っているのか。なぜその像がこのタイミングで引き倒されたのか。

図23　引き倒されたコルストン像(2020年)

コルストンは一六三六年、富裕な商人の息子としてブリ

図24　コルストンがブリストル市内に創立した私設救貧院

ストルに生まれた。イギリス革命期にロンドンに移り住み、シティの有力同業組合《リヴァリ・カンパニー》、高級服地商組合で徒弟修業を積み、一六七三年に正式メンバーに迎えられた。彼はスペイン、ポルトガル、イタリア、アフリカと取引をして巨万の財を築いていったが、主な富の源泉は奴隷貿易であった。約八万人とも一〇万人とも言われるアフリカの人々を新大陸に運んだ。一六八〇年には、黒人の積み出し地である西アフリカ沿岸の貿易独占権を付与された王立アフリカ会社のメンバーにもなっている。

　コルストンの事業の拠点はロンドンであったが、正市民にもなっている出身地ブリストル市を大切に考えていたようだ。同市で数多くのチャリティを行っている。キング・ストリートには六人の老船員のための私設救貧院、セント・マイケルズ・ヒルには各一二人の男女を扶養する私設救貧院、四〇人の貧しい少年に衣服と教育を与えるテンプル・ストリートの教区学校、少年寄宿校などを慈善信託の形式で設立し、四万ポンドを投じて一〇〇人の少年を教育し年季奉公に送り出す寄宿校を設立した。その他、ブリストルの多くのチャリティ学校に寄付をした。敬虔な国教徒だったので、諸教会およびブリストル大聖堂の設立に際しても資金を供与した。

ロンドンやサリー州、デヴォン州やランカシャーでの寄付を含めると、一七二一年にこの世を去るまでに七万一〇〇〇ポンド近い巨額の金をチャリティに投じた。しかも、これは名を明かして行ったチャリティに限った額であり、墓には「彼がひそかに行ったチャリティは、公的に行ったものを下回りはしない」と刻まれている。

コルストンは非人道的な奴隷貿易に手を染めた人物であったが、ブリストル市民は彼のチャリティを是として、記念し続けた。通りにも市のホールにも彼の名が冠され、一八九五年にはくだんの銅像が建立された。彼は地元の偉人であった。一八五二年には『博愛主義者エドワード・コルストン――その生涯と時代』という五〇〇頁をこえる書物がブリストルで出版されているが、奴隷貿易のことは一切触れられない。二〇世紀に入るまで、彼の富の出所に奴隷貿易が含まれていたことは都合よく忘れ去られていた。

ブリストルという都市自体が、一八〇七年に奴隷貿易が禁止されるまで、リヴァプールと並ぶ最大の奴隷貿易船の拠点であった。壮麗な都市景観は、ある意味で、ブリストルを見たこともない黒人奴隷の犠牲の上に築かれたのである。市民がこの事実との向き合いを避けたとしても不思議ではない。

本格的に問題化したのは一九九八年に生じた像への落書き事件であり、以来、コルストンを邪悪な奴隷貿易商人として記憶するべきなのか善良な慈善家として記憶するべきなのかをめぐり、市民の間でも深刻な対立が生じていた。今回の像の引き倒し行為は、奴隷貿易商人としてのコルストンを都市の顔にしていることへのローカルな文脈での異議申し立てであり、同時に、白人警官の横暴によって不慮の死を遂げた米国黒人男性へのトランスナショナルな連帯表明であり、また、黒人と白人の間の厳然たる経済的不平等の不正に対するグローバルな普遍的弾劾行為であった。

W・G・アームストロング

イングランド北部の都市ニューカッスル・アポン・タインの大実業家ウィリアム・ジョージ・アームストロングは、一八一〇年、この地の穀物商の息子として生を享けた。幼少期から機械への好奇心が強く、一八四〇年代には水力起重機を開発し、四七年にW・G・アームストロング社を起こした。水力起重機は港湾や倉庫などに導入されて、大きな成功を収めた。しかし、一九〇〇年まで生きたアームストロングの名を伝えるのはこれとは別のものである。

クリミア戦争の勃発に際し、陸軍省からセヴァストポリに沈んでいるロシア艦船を除去するための機雷の開発を要請されたことをきっかけとし、アームストロングは既存の野戦砲の射程距離と正確性と運搬の利便を大幅に向上させる構想を抱いた。砲身の内側に鋼線で旋条《らせん状の溝、すなわちライフル）をほどこした「アームストロング砲」である。一八五九年、彼はこの功績によりナイト位に叙せられ、ウリッジにある兵器工廠の長に任ぜられた。

　アームストロング社は当初、政府発注のアームストロング砲を一手に引き受け、独占状態の終わる一八六三年までに三〇〇〇門以上を納品した。一八六三年の薩英戦争の折、砲は実戦投入された。その後は、アメリカ南北戦争期の北軍と南軍の双方から、そしてイタリア、エジプト、オスマン帝国、ロシア、オーストリア、デンマーク、オランダ、チリ、ペルーから注文を受けた。

図25　アームストロング砲
　一八六〇年代末からは、軍艦用大砲の生産も始め、やがて協力関係にあったチャールズ・ミッチェル社と合併して戦艦生産に注力するようになる。納入先は、世界最強のイギリス海軍だけではなかった。イタリア、チリ、中国、そして日本からの注文も受けた。とくに日本との関係は深く、かの岩倉使節団が、一八七二年十月にニューカッスル（「新城府」）を訪れた際、「年七旬ニ近シ、丈高キコト七尺余、言寡ク温温タル老翁ニテ、容貌愚ナルカ如シ」アームストロング自らが工場を案内した。使節団はいわゆるアームストロング砲のみならず、彼が改良した

「猛烈ナル軍器」、「カットリンコーン砲」（ガトリング砲）も見学した。

アームストロングは近代を代表する、そしてイギリス帝国の強大な軍事力を象徴する兵器産業の大立者であった。アームストロング社が生産した兵器によって一体何人の人が命を失ったかと考えれば気が遠くなる。南北戦争の当事者双方に同じ大砲を売るというのは武器商人の手法に他ならない。

しかし、こうした強面のイメージとは裏腹に、彼の場合も、多くのチャリティをした。一八七八年、彼はニューカッスル・アポン・タイン市に九三エーカーのアームストロング公園と、川沿いの渓谷に作ったジェスモンド・ディーン園を寄贈した。地元の王立ヴィクトリア病院やハノック自然史博物館、文芸哲学協会などに大規模な寄付をしただけでなく、現在のニューカッスル大学の前身にあたるダラム科学カレッジ（ほどなくアームストロング・カレッジと改称された）の創設に携わった。

ちなみに一九世紀半ば以降、各地に大学が新設されたが、これらは実学志向の地元市民の寄付によって地元市民の育成目的で創立されたため、「市民大学《シヴィック》」と呼ばれる。たとえばマンチェスター大学の前身オーウェンズ・カレッジは、大商人ジョン・オーウェンの遺産九万六〇〇〇ポンドあまりを原資に一八五一年に設立された。

営利と利他――人間の多面性

コルストンは奴隷貿易商人であったし、同時に、際立った慈善家であった。死の間際に改心して遺産をチャリティに託したのではなく、存命中から熱心に金を善行に費やした。奴隷とされた人々の悲惨に思いを致すことがあったのかどうか、私たちは知らない。自分の行為に矛盾を感じていたのかどうかも、罪滅ぼしのつもりでやっていたのかどうかも分からない。それとこれは別、という認識だったのかもしれない。しかし、両面を持った人物であったことは確かなのであれば、その両方を記憶すべきではないのか。

アームストロングについても同様である。彼は武器製造業者であったし、慈善家でもあった。私たちの感覚では両立し得ない属性だが、そのような人生を歩んだ人がいたことは事実なのである。やはり、両方の側面をあわせてみるのが歴史的な視点というものだろう。コルストンとアームストロングの罪を「許す」ためではない。彼らの功績を「讃える」ためでもない。二人を、慈善家という存在を、そしてイギリスに顕在するチャリティを「理解」するためである。

そのような態度をとれば、一九世紀から二〇世紀初頭のイギリス国内で散見される、チャリティと営利のあわいにあるような、奇妙な形態の事業もよく理解できそうである。ひとつは、「五%フィランスロピー」とよばれる、出資者への配当を上限五%に定めた労働者向け住宅の建設と提供の活動である。これは篤志協会と株式会社の両方の形式で実践された。一八四一年

図 26　「モデル・ビレッジ」ソルテア
ほぼ完成状態にあった 1870 年の鳥瞰図．左側にソルトが経営する巨大な工場，右側にソルテア．その手前に見えるのが教会，奥に見える尖頭のある建物は「クラブ＆インスティチュート」と呼ばれる総合娯楽施設．

にできた首都圏勤労者住宅改善協会と四四年設立の労働者階級状態改善協会をさきがけとして、六三年には著名な慈善家でもあった実業家シドニー・ウォーターロウによって改良産業住宅会社も発足した。そして、これらの協会や会社は一八七五年までに、ロンドンで約一二〇万ポンドを費やして、三万二四三五人に対して設備の整った廉価な住宅を六八三八戸、建設した。この後継が、二〇世紀末以降に注目されることになる社会的企業である。

　もうひとつの奇妙な形態の事業は、大実業家によるチャリティ的な企業福祉、なかでも「モデル・ビレッジ」の建設である。アルパカの毛織物製造で財を成したブラッドフォードのタイタス・ソルトは、五〇歳の誕生日を記念して、一八五三年に「モデル・ビレッジ」ソルテアを開設した。ここには、設備や換気の整った労働者住宅のほか、洗濯場、公衆浴場、娯楽施設、学校、病院、養老院、教会、図書館、体育館などが整然と配置された（労働者の息抜きの場として機能していたパブは許されなかった）。

先に触れた岩倉使節団は、一八七二年にアームストロングに面会した後、同じ十月に、「五千ノ人口、ミナ「タイトル」氏一家ヲ仰ク」というソルテアを見学しており、「勧工ノ道ニ於テ、深ク意味アルコトナリ」と感銘を受けた。興味深いことに「英国人ハ、職工ヲ保護シ、貧民救護ニ力ヲ尽スヲ、栄誉ノ一トナス」という、イギリスのチャリティ熱を感じ取った見解も記している。なお、一八七二年の時点でイギリスには初等教育の義務化は導入されていたが（一八七〇年法）、既存のチャリティ学校――キリスト教知識普及協会（SPCK―一六九九年）の主導で一八世紀前半に建設ラッシュが起きて、以来、全国的に深く定着した――が基本的にこれを担い、学校のない地域に公立校が新設された。

菓子製造業者G・キャドベリーも、バーミンガム郊外にボーンヴィルを建設した。ハリファックスでは、梳毛毛織物製造業者エドワード・アクロイドは同じ目的で工場村アクロイドンを建設したし、ヨークのチョコレート会社を率いたクエイカー教徒、ジョゼフ・ラウントリーはガーデン・ビレッジを作った。

ユダヤ系金融財閥ロスチャイルド家によるユダヤ人支援についても、不安定なユダヤ人という社会的地位を補強する便法という理解を越えられるのではないか。ロスチャイルド家は、一八世紀末にできたイーストエンドのユダヤ人無料学校《ジューイッシュ・フリー・スクール》に対し、息の長い莫大な支援を行った。

一九世紀を通じて同銀行や一族の個人によって毎年二万ポンド近くの額が提供されていたという。この支援を通じ、学校は次第に世俗化、近代化し、規模を拡張し、一九〇〇年には四二五〇人を上回る男女の生徒を擁するに至った。

さらに、一九世紀後半のチャリティ病院は、募金立であれ基金立であれ、財政危機を乗り越える工夫を重ねたが、このとき、支援者も病院の運営者も、チャリティの原理を捨てず、かといって営利性を無視はしなかった。

以上、いずれにおいても、チャリティの倫理(利他、無私、自己犠牲)と資本主義の精神(営利、貪欲、他者搾取)は決して矛盾するものではなかったのである。完全無欠の聖人によってなされるような慈善こそ、歴史上、見つけるのが難しい。チャリティは、欠点のあるふつうの人間が行う営為である。

四　国際人道支援の起源

前節では、主としてイギリス帝国「内部」の弱者へのチャリティを観察してきた。これと大きく重なりつつも、質の異なるチャリティが一九世紀の半ば以降、徐々に姿を現し、二〇世紀の前半に、国際人道支援として成立する。一八〇一年以降はＵＫの構成国でありながら、ブリテン島の人々、とりわけイングランド人やロンドンの権力中枢から偏見の眼で見られてきたアイルランドを襲った大飢饉については、国際人道支援の萌芽と言える諸活動を看取することができる。また、一九世紀末から急増した東方ユダヤ人という「外国人」移民への支援もこの文脈で理解できる。本格的な国際人道支援のプロジェクトは、第一次世界大戦後に開花する。

アイルランド大飢饉

一八四五年夏のじゃがいもの凶作に端を発する、以後約五年間続く大飢饉は、じゃがいもを主食としていた貧農が人口の約四割を占めていたアイルランドに壊滅的な被害をもたらした。一八四五年に八五〇万人いたアイルランドで、四六年から五一年にかけて、一〇〇万人の過剰死――栄養不良に伴う病死や餓死――が認められ、これに加え、飢饉の惨禍から逃れるため、四五年からの一〇年間に二一〇万人が移民の道を選んだ。一八五一年には人口は六五〇万人にまで減少した。

UKの一部であるアイルランドの危機に対して、イギリス政府は、食糧緊急輸入を一時的に実施した他は、効果があまりなかったとされる公共事業やスープキッチン（炊き出し）への補助をしばらく続けた後、一八四七年の九月からは現地の地主に自活不能貧農の扶養を義務付ける改正救貧法を施行して、ある意味で解決策を現地の有産者層に丸投げしてしまった。案の定、地主は負担を避けるために貧農の強制立退きを進め、結果として移民が助長された。当時のイギリスの国力と財政力からして、支援はあきらかに及び腰であった。福音主義の信仰にもとづいて、飢饉は（カトリックが多数派の）アイルランド人の諸々の罪に対する神罰だとみなされ、レッセ・フェールのイデオロギーにもとづいて窮状からの脱却は自助努力によるべきだと考えられていたからである。

他方で、ほとんどは一八四七年までのごく短い期間ではあるが、民間のチャリティは盛り上がった。アイルランド在住の富裕者たちが主導した募金や救済活動もあったが、ここで注目したいのは、アイルランドの外からの多岐にわたるチャリティの奔流である。

図 27　クエイカー教徒によってコーク市に設置されたスープキッチン
『絵入りロンドン・ニュース』1847 年 1 月 6 日.
政府の事業のモデルになったとされる.

イギリスでは個人的、地域的な各種募金活動を措いても、次の二つの団体の活躍が特筆される。クエイカー教徒が設立したフレンド教会中央救済委員会は、政府の方針とは一線を画し、現地視察で現状を把握してから、具体的な救済をきめこまやかに行った。資金の大半は補助金と無料配布食糧に充てられたが、生業の形態に応じて、種子や農具、漁具を提供するなどした。また、実業を教える学校を設立した。もう一つの、ロスチャイルド家やベアリング家などのロンドンの富裕層によって設立されたイギリス救済協会は、イギリス政府と密接に連携し、行政のルートを借りて、主として現地に食糧を供給した。

ブリテン島以外からも、寄付は流れ込んだ。在印イギリス人は一八四六年一月には早くもインド救済基金を設立し、支援の輪は東アジア各地の英領へ広がった。西インド諸島やオーストラリアからの寄付もなされた。アメリカ合衆国でも、アイルランド系移民が多く住んでいたこともあり、各地で救済委員会が作られ、集めた金で食糧を購入し、船でアイルランドへ輸送した。ユダヤ人や自由黒人、ネイティヴ・アメリカンからの寄付も記録されている。ラテンアメリカからの寄付もあった。ヨーロッパの大陸側では、カトリック教徒が同胞アイルランド人の窮状に対して支援を行った。フランスの代表的な慈善団体サン・ヴァンサン・ド・ポール協会や、一八四六年にローマ教皇の座に就いたばかりのピウス九世も熱心に動いた。オスマン帝国のスルタン、アブデュルメジド一世も、イギリス救済協会に一〇〇〇ポンドを寄付した。

興味深いのは、アイルランド島の飢饉が、ブリテン島では、イギリス内の出来事というより対岸の火事のように見られていた点である。同胞というより他者、あるいは近しい隣国(「妹ネイション」)を救おうという姿勢が顕著である。アイルランドを半植民地として扱ってきた歴史の然らしめるところである。そして、アイルランドに対して、たしかにこの時、「国際人道支援」と呼び得る幅と質の救済が、文字通り、世界中から届けられた。イギリス人は、未曽有の規模で展開した最初期の「国際人道支援」を、至近距離で経験した。

入移民への支援

アイルランド人は大飢饉の前から、ブリテン島では長らく、(怠惰な)貧者の代名詞となっていた。それでも、貧困移民の問題が急激に深刻化したのは「暗黒の四七年」だった。この年だけで、リヴァプールには一一万六〇〇〇人のアイルランド難民が殺到した。同時期にグラスゴーには五万人が押し寄せた。一八四七年から五三年にかけてリヴァプールに到着したアイルランド人のうち三三%が、公的救貧受給レベルの「極貧者」だったと考えられている。

アイルランド人はイングランドやスコットランドの定住法の対象外であったため、厳密に法に従えば、どこかの地で教区に負担をかける極貧者と認定された場合、アイルランドへの強制送還を命ぜられる。この措置を受けた者は、船に乗せられてアイルランドの港に送り帰された。しかし、実際には大多数の者は強制送還を受けずに済んだ。その理由の大きな部分はローカルなレベルで展開したチャリティであった。

リヴァプールの例を紹介しよう。リヴァプール地区倹約協会は一八四七年だけで二万四八九人のアイルランド人に食事券の形で救済を提供できた。同時期、リヴァプール・チャリティ協会と同地の寄る辺なき人の友協会は、資金の大半をアイルランド人貧民のために費やした。リヴァプールにはまた、夜間救護所という、ホームレスに一泊ないし二泊程度の宿泊を認めるチャリティ組織があり、大飢饉時には前年度比で二倍ほどの実績を示した。アイルランド人移民に宿を提供していたのである。

リヴァプールから最寄りの大都市はマンチェスターであるが、途上では、公的救貧行政が提供している救貧院附属の浮浪者棟で一夜を明かすことができたし、マンチェスターにも夜間宿泊所があり、クエイカー教徒が行っているスープキッチンで食事を得ることもできた。

アイルランド人移民が一九世紀半ばの大きな社会問題だったとすると、一九世紀末からの世紀転換期に深刻化したのは、一八八〇年以降、ロシア帝国および東欧諸地域で頻発した差別やポグロムを逃れて主としてロンドンにやってきた「東方ユダヤ人」である。伝統的に、ユダヤ人の貧困は、ユダヤ人の中で救済される傾向が強かった。キリスト教系のチャリティやイギリスの公的救貧行政への負担を極力避けたのである。現に一八五五年の時点でロンドンには四五のユダヤ系チャリティ団体があり、「ユダヤ人の乞食など一人もいない」状況だった。

しかし、一八八〇年から一九一四年の間に約一五万人の「東方ユダヤ人」がイングランド、とくにロンドンに腰を落ち着けた。一八五〇年にロンドンのユダヤ人二万人ほどのうち、貧しい三分の二はイーストエンドに住んでいたが、この地域のユダヤ人人口は一九〇五年には一二万人をこえた。大きな問題とみなされたため、一九〇五年に、イギリスはユダヤ人移民の制限を企図して外国人法を制定し、さらなる流入に歯止めをかけた。貧しい、英語も通じず文化も異なる大量のユダヤ人の流入は、ホスト社会で地歩を築いていたミドルクラス以上の社会階層に属するユダヤ人にとっては脅威であった。

そこで、一八八五年、ユダヤ人一時援助施設というチャリティ団体が設立された。主として民間からの寄付(のちには移民の輸送を担う会社からの補助金も)によって運営され、東方ユダヤ人がロンドンに到着した際、下船に立ち会い、悪徳業者から守り、改宗と引き換えに救済を提示するプロテスタント宣教団体から守るべく、最長二週間の宿を提供して、その間に、医療、衛生、教育といったもろもろのサービスを提供し、次の行き先——英国内か植民地か外国か、あるいは故郷への送還か——を決める手助けをした。一八九三年以降は、ロンドンと南アフリカを結ぶキャッスル・ライン汽船会社がこの団体に接近し、補助金を提供したため、保護したユダヤ人を南アフリカに再移民させる業務に多くの労力を割いた。

入移民への支援は、アイルランド人とユダヤ人のみならず、迫害を逃れてやってきたユグノーや革命フランスから脱出した人々、蜂起に失敗して亡命してきたポーランド人などに対して、一八世紀、一九世紀を通じて散発的に行われてきた（ロンドンにはドイツ人、ウェールズ出身者やスコットランド出身者を対象にした同郷会的なチャリティも存在した）。見たこともない遠方の弱者への寄付とは次元の異なる、目前の、内なる「外国人」への国を越えた人道支援の実践は、少しずつ経験値として蓄積されていった。

セーブ・ザ・チルドレン

本格的な国際人道支援の起源に位置づけられるのが、第一次世界大戦の休戦直後に誕生したセーブ・ザ・チルドレンである。四年以上の殺戮のはてに、一九一八年十一月、第一次世界大戦が休戦となった。辛くも戦勝国となったイギリスでは、ドイツ憎しの世論が強く、ドイツに対する海上封鎖も解除されず、敗戦国では子どもたちの病気や栄養不良が戦後も深刻であった。これに対処すべく、十二月にロンドンで対飢饉評議会（ＦＦＣ）が設立された。実質的な救援は、Ｈ・フーバー率いるアメリカ救済局（ＡＲＡ）が一九一九年から巨大な役割を果たした。

主唱者はエグランタイン・ジェブとドロシー・バクストンの姉妹であった（ドロシーの夫Ｃ・Ｒ・バクストンは一九〇三年に兄とマケドニア救済基金を創設したこともある政治家。その曽祖父は奴隷制廃止運動の牽引とアボリジニ保護協会の創設で、父は同協会や内外反奴隷制協会での活動で知られる、いずれも同名のT・F・バクストン）。FFCは海上封鎖の解除とヨーロッパ経済復興のための政治圧力団体として一九二一年まで断続的に活動した。

FFCの間接的で時間のかかる目標追求では不十分とみなしたエグランタインとドロシーの姉妹は、今まさに飢えと病気に苦しんでいる敗戦国（旧敵国）の子どもを救うべきであるとして、FFC内で準備を進め、一九年五月十九日セーブ・ザ・チルドレン基金（SCF）を設立した。SCFは「どこであれ苦難と困窮の諸条件によって脅かされている子どもの命を守ること」を前提に、次の三原則を掲げた。第一に、子どもはその身体的、精神的、道徳的な健康に必要なすべてを享受すべきこと。第二に、経済的な困窮に伴う困難は将来を担う子どもにではなく大人によって担われるべきこと。そして第三に、救済は子ども（の親）の階級、人種、政治、信仰に関わりなくなされるべきこと。

子どもという普遍的なカテゴリーを設定し、「大人」の事情から保護し、もって「ヨーロッパ文明の未来」を託そうとする斬新な姿勢は、しかし、猛烈な反対にあった。エグランタインが後に回想しているところによれば、「（反対の）声をあげた人たちは総じて、敵の子どもを食べさせるのは非愛国的な行動だと考えて、この運動に反対し」、「「こんな子たちは死んだ方がよい」とか「この子たちは大きくなったら私たちに敵対するだろう」というのが大方の意見」だった。

逆境の中、上層中産階級出身でドイツ語、フランス語に堪能で、当時の女性としてはめずらしくオックスフォード大学で教育を受けていたエグランタインの必死の努力を中心に、ＳＣＦは国際人道支援団体として次々と新機軸を打ち出していく。十一月には赤十字国際委員会の後援をとりつけた。翌年一月には、戦間期の国際組織がこぞって拠点を設けたジュネーヴに、国際セーブ・ザ・チルドレン連盟（ＵＩＳＥ）を設立した。ＵＩＳＥは、ＳＣＦと赤十字国際委員会とスイス子ども救済委員会を創設メンバーとし、各国団体の設立と連盟への加入を促した。

ローマ教皇はＵＩＳＥ加盟団体のために募金をする回勅を発し、これに対抗する形で国教会のカンタベリ大主教も宗派横断的な募金を呼び掛けた。エグランタインはユダヤ教、クエイカー、正教会、神智学協会、バハーイー教の支持もとりつけた。一九二五年には三五団体が加盟し、二九年までに総額一億フランの募金を集めた。イギリスにおけるチャリティの例にならい、一九二〇年十月からＳＣＦは機関誌『ＳＣＦレコード』を発刊し（二二年から『世界の子どもたち』に改称）、ＵＩＳＥも一九二〇年から機関誌『ビュルタン（報告書）』を出した。

「想像力に欠けていてとても忙しい」世界の人々の気を引くためのＰＲ戦略は巧みであった。エグランタインはケンブリッジのチャリティ組織化協会で社会調査をしたソーシャルワーカーとしての経験を持っており、ＳＣＦに伝統的な汎ヨーロッパ的なチャリティの色をまとわせることによって、前例のない新しい国際的な運動が潜在的な寄付者に与える不安感を軽減した。

図 28　セーブ・ザ・チルドレン(右)，国際セーブ・ザ・チルドレン連盟(左)の初期のロゴマーク
ともに図 4(23 頁)のテッラコッタから借用された意匠.

図 29 「イギリスはどのようにして苦しむ人々を助けているか」
セーブ・ザ・チルドレンの機関誌『SCF レコード』(第 1 巻第 6 号，1921 年 2 月 1 日刊)所収．図 20(136 頁)の望遠鏡的フィランスロピーの図と好対照をなす.

初期の団体のロゴマークは、一五世紀のフィレンツェ捨て子養育院のロッジアを飾る、アンドレア・デッラ・ロッビア作の円形テッラコッタの意匠を踏襲した。

そして、具体的な事実と統計を重視した報告・宣伝を心掛け、大人の姿を極力排して撮影した苦しむ子どもの「人道主義的写真」(一二九頁)を駆使し、ドキュメンタリ映画を作製し、メディアのネガティヴ・キャンペーンに対抗して新聞広告を打った。フォスター・ペアレント方式(寄付者が特定の子どもを継続的に支援する形)の先駆としても知られる。

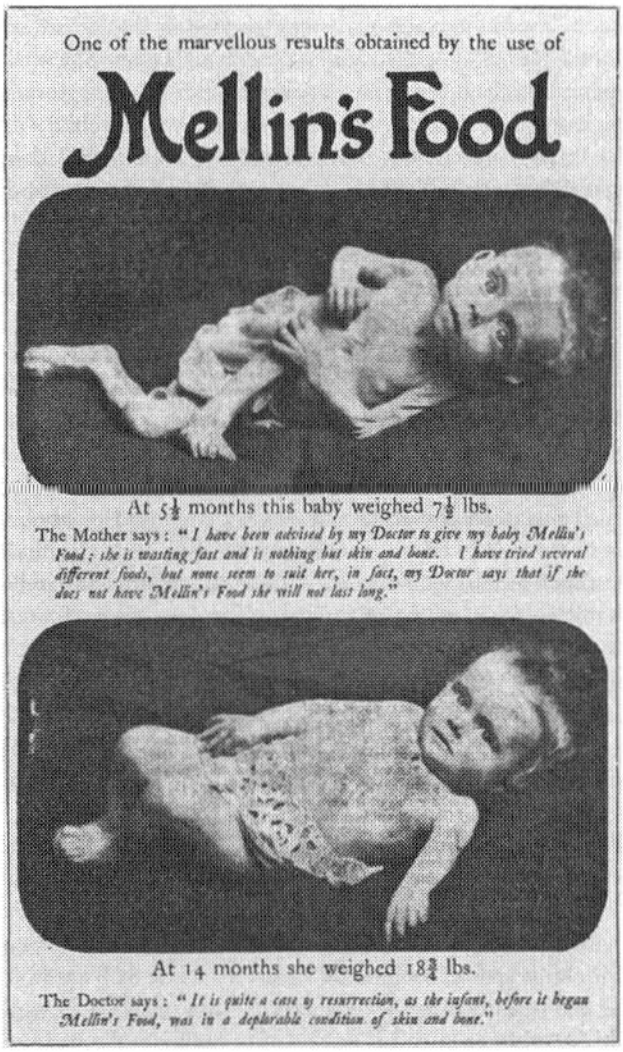

図 30　人道主義的写真
セーブ・ザ・チルドレンの機関誌『SCF レコード』(第 1 巻第 14 号，1921 年 6 月 1 日刊)所収の広告．原型は 19 世紀末にロンドンで撮影された貧しい子どもたちの写真に求められる．

国内あるいは帝国内の窮状への支援が先決だと言いがちなイギリス人には、「帝国としての国際的責任」を強調し、救うのは義務ではなく強者の権利なのだと示唆して、自尊心をくすぐった。その効果もあり、自治国を含む帝国各地の白人層からは多額の寄付が寄せられた。

ＵＩＳＥはアンブレ

ラ組織であって、具体的な事業は各国団体が担った。イギリスのSCFは、一九二〇年五月から翌年四月までの年度に、五七万ポンドの収入（繰越金一万数千ポンド以外はほぼ寄付収入）があり、そのうちイギリス国内の困窮した子どもに四七〇〇ポンド、諸外国の子ども用に三三万五〇〇〇ポンドを支出した。

一九二一年八月末からは、フリチョフ・ナンセンの依頼でUISEを介して、ロシアの飢饉で苦しむ子どもへの救済を担当した。サラトフ県を受け持ったSCFは一年間の活動で一四五〇か所の炊き出し施設を援助し、毎日三〇万人の子どもに食糧を提供した。

時間が経つにつれ、SCFとUISEの活動は、当初の目的であった「戦後ヨーロッパにおける飢饉地域の子どもの救済」から、「経済的な困難と困窮によって脅かされている子どもの命を守るための国際的な努力」へと拡張していく。

関東大震災に見舞われた日本にも支援をした。一九二三年九月半ば、日本の赤十字社に、UISEは一〇〇〇ポンドを送金した。これは日本円換算で九三二〇円三九銭となり、赤十字の産院の拡張と臨時付属施設の開設、そして託児所の建設に充てられた。これらの施設は妊婦と赤ん坊を収容し、低年齢の子どもたちに食事を与えた。その数は合計一四万三二七五人にのぼった。冬場の寒さをしのぐための毛布も、バラック住まいの者たちに提供した。

UISEおよびSCFが当時、一部の人々から熱烈に支持される一方で、根強い批判と非難を浴びたのは、「大人」の事情に鑑みれば異常としか言えないような無節操に見える救済の手を広げていたからである。一九五一年に書かれたＳＣＦ史『子どもの権利――社会史の一コマ』の一節は、イデオロギー的分断線を軽々飛び越えるＳＣＦの個性を鮮やかに要約している。

フランスにいる「白系」ロシア難民の子どもたちを救済しながら、他方「赤色」ロシアでヴォルガ盆地の飢饉の犠牲となっている子どもに食事を与える。アルメニア人孤児の世話をする一方で、トルコ人の子どもの面倒も見るが、おそらくこれらのトルコ人は、（アルメニア人の）虐殺に関与していたのである。伝統的に敵同士であったフランス人とドイツ人、チェコ人とハンガリー人、ブルガリア人とギリシア人に対して、同じ憐み深い手を差し伸べて、同時に救済する。戦間期には数年にわたり、基金はアラブ人とユダヤ人の母子が隣り合って仲良く処遇される児童福祉センターをハイファで運営した。

宗教や政治思想が異質でも、敵対関係があっても過去の遺恨があっても、それはあくまで「大人」の事情であるというスタンスで、子ども救済において世界中で活躍するチャリティとして、ＳＣＦならびにＵＩＳＥ加盟団体は二〇世紀後半に花開く国際ＮＧＯの先駆と言ってよいだろう。エグランタインの肝いりによりＵＩＳＥで採択された子ども憲章と宣言が、一九二四年、国際連盟において「子どもの権利宣言」として採択されたことも、記憶されてよい。

イギリス系国際人道支援NGOの発展

第一次大戦後から、イギリスでは、SCFのような、活動領域を「世界」に置いた組織がいくつも作られるようになった。国際NGOのチャリティ的な起源を覚えておきたい。もうひとつ有名なものとしては、一九四二年に誕生したオックスファムがある。

第二次世界大戦において、当初ギリシアはイギリス軍の援助を受けながらイタリアと戦っていたが、一九四一年春からのドイツ軍侵攻を防ぎきれず、降伏した。占領下に置かれたギリシアは、ドイツの北アフリカ戦略のため厳しく糧食を徴発された。そして、イギリスはドイツに対する海上封鎖を占領されているギリシアにも適用した。こうして、ギリシアに深刻な飢饉が生じた。四一―四二年の冬の間、二〇万人のギリシア人が飢えにより命を落とした。人口七〇〇万人のギリシアで、一九四一年から四四年の間に五〇万人の過剰死があったとされる。この飢饉救済をするために設立されたのがオックスファムである。

一九四二年五月、まず飢饉救済委員会が全国組織として発足した。クエイカー教徒イーディス・パイが名誉書記長の座について、全国にネットワークを広げた。そのうちのひとつが、一九四二年十月にできたオックスフォード飢饉救済委員会(後にオックスファム)である。オックスフォード大学のギリシア語名誉教授だったギルバート・マレーをリーダーに、クエイカーと近い実業家セシル・ジャクソン＝コールを名誉書記長にして、一九四五年二月までに、ギリシア人救済のため、一万三五一七ポンドを集めた。

セーブ・ザ・チルドレンと似ているが、子どもだけでなく戦争の被災地の住民すべてに救いの手を差し伸べたオックスファムは、一九五〇年代からは発展途上国の人道危機に対する難民支援や緊急援助も始める。そして、一九六〇年代以降は、発展途上国への開発援助に力を入れていく。なお、一九四七年から始まり七三年に五〇〇近く、一九八八―八九年度には八〇〇あったオックスファム・ショップ（中古品やオックスファム商品を売り、資金を集める店舗）は、イギリスの町の風景の一部をなしている。このようなチャリティ・ショップは、二〇世紀半ば以降、多くの団体が展開している。

他には、ウォー・オン・ウォント（対欠乏戦―一九五二年）やクリスチャン・エイド（一九六四年）、ティアファンド（福音主義連盟救済基金―一九六八年）といった国際的な救済ないし開発援助組織が、イギリス起源の団体として知られている。なお、ここまで戦時チャリティ、とくにスイス起源の赤十字国際委員会や、イギリス赤十字社については触れてこなかったが、これらは、次章の戦争を扱う節で触れることにしたい。

帝国のチャリティ

本章で述べてきたことを、三つの気持ちに沿って整理してみよう。㈠**困っている人に対して何かしたい——**。近代文明の頂点に君臨する慈悲深いイギリス帝国の宗主国臣民としての優越感や常識、誇りや責任が、文化風習の異なる異邦の民への保護者的な同情を駆り立てるのだ。㈡**困っている時に何かをしてもらえたら嬉しい——**。苛烈な政治的、経済的支配の現実や冷徹な戦争の論理はあるが、別次元で宣教師や慈善家がもたらす医療や教育、食糧支援などの恩恵は、イギリス帝国の「健全」な側面を示しており、受け入れられたのではないか。たとえば、教会宣教協会の宣教師として日本にやってきたハンナ・リデルは一八九五年、熊本にハンセン氏病患者のための回春病院を建て、皇室や渋沢栄一らの支持も得て大きな足跡を残した。また、アリシア・リトルは、中国における女性の纏足習慣を止めさせるために上海に一八九五年、天足会を作ったが、この運動は、リトルの帰英後も中国人たちに引き継がれた。やさしい姿もしている西欧的な「近代」をまるごと否定しようとするのはもっと後の現象である。

㈢**自分の事ではなくとも困っている人が助けられている光景には心が和む——**。困っている人の範囲は、この時期、格段に拡張された。奴隷が解放され、さまざまな地域の先住民が「保護」され、異教徒がキリスト教を信仰するようになり、窮地に陥った外国人の子どもや大人が病や飢えから救われるのは、それが帝国の内部にとどまらない対象であっても、文字、写真、映像などのメディアで鮮やかに伝えられたこともあり、イギリス帝国とそれがもたらす社会秩序の道義的な正当性を証立てているように感じられ、無駄遣いとは目されなかったのである。

大切な留保を付けておきたい。イギリスが熱意を注いだイギリス人以外のためのチャリティであるが、いかに無私に見えても、これらの多くはもともとイギリス人が引き起こした問題への対応策という構図になることである。イギリスは黒人を商品として海上輸送したし奴隷労働力として酷使していた。イギリス人が「アボリジニ」に悪習を持ち込み、虐待していた。イギリスの自由貿易への固執やアイルランドへの根深い蔑視が、大飢饉への効果的な公的救済を妨げた。イギリス軍の海上封鎖作戦が、第一次大戦期にはドイツをはじめとする敗戦国の子どもの窮状を助長し、第二次大戦期にはギリシアの人々を飢えに追いやったのだ。第三節で紹介したコルストンらと同じジレンマを、イギリスは抱えている。

第五章　戦争と福祉のヤヌス——二〇世紀から現在へ

一　戦争国家と福祉国家

一九―二〇世紀転換期におけるトランスナショナルな学びあい

一八七三年、欧米世界は大不況に見舞われた。少し前から、アメリカ合衆国やドイツといった後発工業国の猛追に遭い、イギリスの世界経済における優位は失われつつあった。貧困がたんに個人の不徳で片付けられない構造的な問題であるという認識も明確になってきた。社会主義の台頭もある。諸国の政府や民間の専門家たちは他国の経験や施策を相互に学びあうようになった。エルバーフェルトで一八五二年から実践され、ドイツの主要な諸都市でこぞって模倣された、地区担当訪問員による貧者個人に関する知識に基づく厳格に合理的で給付抑制的な、公的私的な救貧を組み合わせた手法「エルバーフェルト・システム」は、イギリス人の注目を集めた。とくにチャリティ組織化協会（COS）は熱心で、視察団を現地に派遣するなどした。

そして、COSの試みはフランスの社会資料館や、ドイツ救貧・慈善協会(ドイツを代表するチャリティのアンブレラ組織であるカリタス連盟は、これに対抗する目的で設立された)、スウェーデンの慈善調整協会やその後にできた社会事業中央連盟、イタリアのウマニタリア協会、ロシアの全ロシア福祉施設・福祉団体・ソーシャルワーカー連合という、いずれも世紀転換期に作られた団体に、何らかの影響を与えたか、あるいは期せずして同じベクトルを示した。

公的福祉も同様で、一八八〇年代のビスマルクの社会立法を嚆矢として、各国はそれぞれに国家福祉の萌芽と呼べる施策を構想するか実施するかした。イギリスのリベラル・リフォーム(七一頁)はその一例である。

このような学びあいの精神を凝縮しているのが、一八九三年にシカゴで開催された「チャリティ、矯正施設、フィランスロピーに関する第六回国際会議」に寄せられた報告「チャリティ問題の国際的なとらえ方」(ライツェンシュテイン男爵、フライブルク)の冒頭部分である。

チャリティ問題を論じる上で理論としても理念的な力としても国際主義《インターナショナリズム》が強まっていることは、まずもって次のような一国主義《ナショナリズム》の限界をよく示してくれる。すなわち、立法が一国の枠内しか視野に入れず、問題が狭い範囲でしか議論されず、理論家よりも実務家ばかりが〔チャリティを検討する〕委員会に入り、そして、国際的な基盤に立ってチャリティの体系的な組織化を考えるという課題について〔中略〕先送りの態度がとられるのだ。〔中略〕これを解決するには、各国で支配的なシステムを、その条件や限界とあわせて研究するしかない。現行のシステムを他国に移植できるのか、また、普遍的に適用できるのかというさらなる問題は、全般的調査の第二段階を成す。

チャリティの「国際主義」が唱えられていたちょうどその頃、国家は相互不信から軍備拡張を続けていた。そして国民はナショナリズムに影響されやすくなっていた。そのクライマックスが、「現代の起点」をなす総力戦、第一次世界大戦である。

福祉と戦争

一九一四年に始まる第一次世界大戦は、イギリスにおける国家福祉を一段と進めた。自由主義的で議会政治に慣れた国民を戦時に総動員するからには、志願したか徴兵された六〇〇万人以上の兵士の家族や、七〇万人以上の戦死者の遺族、除隊兵、帰還兵のための配慮が必要だからである。二〇世紀のイギリスは、文系エリートが主導する福祉国家のイメージが強いが、イギリスは同時に、理系官僚が活躍して軍事研究に莫大な予算を割く軍事大国、戦争国家であった。ヤヌスのように二つの顔を持っていたのである。支配・搾取する帝国と教導・救済する帝国という前章で述べた二重性と似ている。

ともあれ、福祉を国家が担うのは戦争のためであり、戦争を国家が遂行できるのは福祉のゆえなのである。二〇世紀の二つの世界大戦の経験は、イギリスを戦争／福祉国家にした。第二次大戦中の一九四二年にベヴァリッジ報告が出され(忽ちベストセラーとなり)、終戦直後に福祉国家が誕生したことはそれをよく示している。戦争と国家福祉はイギリスにおけるチャリティにどのような影響を及ぼしたのだろうか。そして、チャリティはイギリスの戦争や国家福祉にいかなる影響を及ぼしたのだろうか。

二　総力戦とチャリティ――善意の動員と動員解除

第一次世界大戦

イギリスでは、一九世紀半ばまで、一般兵卒層に対する支援は限定的で、陸海軍の老退役兵用ホスピタル(一四六頁)の他に、ナポレオン戦争中の一八〇三年に海上保険シンジケートのロイズによって設立された「愛国基金」が早い例である。クリミア戦争の折、ナイチンゲールの活躍で、兵卒の辛苦に寄り添う感性が増したとされる。一八七〇年には、普仏戦争の戦災者を支援するために、クエイカー教徒によってフレンズ戦争犠牲者救済委員会が作られた。同じ年には、戦場で敵味方の区別なく救護をしようというイギリス全国救護協会が設立されたが、これは、一八六三年の赤十字国際委員会発足を受けたもので、一九〇五年からはイギリス赤十字社と改称して今に至る。

また、一一世紀に起源を持つ聖ヨハネ騎士団の後継団体として、(宗教改革の折に解散させられていたが)一八五八年にプロテスタント団体として再建されたイギリス聖ヨハネ騎士団は、一八七七年から陸海軍の医療部門と協力し、民間で救急隊員を育成・提供した(これも現存)。大戦に先立つ直近の事例としては、南アフリカ戦争(ボーア戦争、一八九九―一九〇二年)の折、戦傷者や遺族の支援のため、新聞紙上での募金や、ロンドン各地で挙行されたチャリティ・カーニヴァルなどのイベントが開催され、六〇〇万ポンドが集まったと推計されている。

こうした比較的新しくできた伝統の上に、第一次大戦期のチャリティは位置付けられる。一九一四年八月四日にイギリスは参戦したのだが、きっかけはドイツ軍のベルギー侵攻であった。開戦後数か月でそのベルギーから二〇万人もの避難民がイギリスに逃れてきた(フィクションだが、その一人が、アガサ・クリスティの生み出した名探偵ポワロである)。これに対して一〇〇近い数のチャリティ組織が救済を行った。

王太子エドワードが発起した全国救済基金は一九二一年三月末までに七〇〇万ポンド近く、イギリス赤十字社とイギリス聖ヨハネ騎士団の戦時合同委員会は一九年末までに一六四九万ポンドを集めた。大小無数のチャリティ団体が叢生し、兵士への物資援助や連合国戦災者の支援などを行った。国家が圧力をかけることはなく、自発的なチャリティの戦時総動員が現出した。人々は通常の寄付だけでなく、街頭募金に応じ、チャリティ・オークションに出品し、あるいはそこで品物を落札し、資金集めのため、違法であった宝くじを行った。あまりにも熱烈な支援の機運は別の問題を生み出した。それが、チャリティ詐欺である。つまり、架空のチャリティ団体がいくつもできて、人々の高揚した善意につけこむ事態がたびたび発生して社会問題となったのである。イギリス政府はこれに対処すべく、一九一六年に戦争チャリティ法を制定し、すべての戦争関連チャリティを、一八五三年にできた国の常設機関チャリティ委員会——慈善信託の登録と監督を担っていた——に登録させることにした。

戦争チャリティ法のおかげでイングランドとウェールズにおける戦争チャリティの規模と種類を知ることができる。一九一九年に編纂された登録簿によれば、小規模な登録免除チャリティを除いても一万一三二九の戦争関連チャリティがあった。ほとんどが戦時中に新設された。内訳は、軍への慰問品送付や敵地の捕虜救済といったイギリス軍の兵士や看護婦を支援する団体が五一四八、スコットランドやウェールズ、帝国や友軍の兵士を支援するものが七六、ベルギー人やフランス人、セルビア人やロシア人といった外国人救済に関わるものが七三〇、病院や帰還兵歓迎所、孤児・未亡人の救済など銃後の支援が四〇五九、戦後の戦没者墓地などに関わるものが一五四、イギリス赤十字社やYMCA（キリスト教青年会、これも一八四四年にイギリスで生まれたチャリティ団体）の各種基金が一一四三、その他が一九であった。

推計によると、戦争チャリティにイギリス国内はもとより帝国全土から投じられた金額は一億ポンドから一億五〇〇〇万ポンドにものぼり、一〇〇万から二〇〇万のボランティアが継続的に関わっていた。付言しておくと、大戦の期間中、既存のチャリティの収入は劇的には減少しなかったと考えられる。『バーデット版　病院・チャリティ年鑑』によれば、一九一四年から一八年の間に、篤志協会型のチャリティへの収入総額は八〇〇〇万ポンドもあった。戦時下の苦しい生活の中で、イギリス人は平時以上のチャリティを自発的に続けたのである。

なお、一九一八年十一月十一日に休戦を迎えたことによって、ほとんどの戦争チャリティは目的を喪失した。慈善信託を管轄するチャリティ委員会は、戦争チャリティについても、目的外の資金利用を禁じた（五六頁）。それゆえ、戦後、多くの戦争チャリティは活動停止をするか、あるいは当初目的に近似した目的に切り替えて存続した。

戦間期から第二次世界大戦まで

第一次世界大戦期の、イギリスおよび連合国の軍人と民間人（軍馬など動物の支援さえあった）に対する善意の総動員は、明らかに国家の戦時政策に沿うものだった。傷つき、命を落とす前線の兵士や、愛する者を失う銃後の家族といった同胞への同情の横溢は、戦争そのものを批判する眼と、敵国の兵士やその銃後の市民の苦境に対する感受性を鈍らせた。開戦直後から何度も更新された国土防衛法によって、戦争目的に反する情報は厳格に統制されていたから、敵国の人々の人間的な姿は伝えられず、むしろ悪魔化して描くプロパガンダが横行した。それもあり、戦時中、反戦平和を唱える者、敵国の一般人の苦しみに心寄せる者はごく稀であった。

その稀な例が、セーブ・ザ・チルドレンの生みの親であるエグランタイン・ジェブと妹ドロシー・バクストンであった。彼女たちは戦時中、週刊二万部を誇る知識人向け雑誌『ケンブリッジ・マガジン』の看板コーナー「外国新聞からの記事抜粋」の編集を担っていた。中立国経由で敵国を含む外国の新聞を一〇〇紙も取り寄せて、現地の男性や女性、子どもの窮状を、英語に翻訳して発信し、やはり稀な感受性を保持していた人々のもとに届けていたのである。この経験が、戦後のセーブ・ザ・チルドレンの創始と躍進に結びついたことは疑いない。

第一次世界大戦中、ナショナリズムで目を曇らされていた、あるいは手を縛られていた感のあったイギリスをはじめとする各国の慈善家、人道主義者らは、戦間期、数多くの国際NGOの設立や支援に動く。国内での国家福祉の進展もこれを後押ししたかもしれない。一九一九年の赤十字社連盟(一九九一年から国際赤十字赤新月社連盟)や一九二〇年創設の国際連盟はその代表例である。国際労働組合連盟(一九一九年)や国際協同組合女性ギルド(一九二一年)などの、チャリティや人道の目的を掲げていない国際組織も一九二〇年代には多く設立された。すべては、平和を希求するヨーロッパの人々の願いの発露であったと言えよう。エグランタイン・ジェブのような女性人道主義者が世界を舞台にして活躍した時期でもあった。

しかし、経済の保護主義への転換を招いた一九二九年の大恐慌を経て、ファシズムの勢いが増し、一九三〇年代には、国際的な連携による平和追求の路線は徐々に影響力を失っていく。ナショナリズムの壁が再び諸国を分断していく。イギリスやフランスは融和的態度を繰り返してナチス・ドイツの野心の抑制を図った。しかし、ドイツ軍のポーランド侵攻を機に、一九三九年九月三日、イギリスはフランスと共に、ついにドイツに対して宣戦を布告した。

再度の総力戦の開始により、イギリス内では、一九一六年に最初に制定された戦争チャリティ法が一九四〇年に改正され、戦争チャリティの登録が促された。ところが、前出のオックスファムのような例はあるが、第一次大戦期に見られた全般的隆盛はなかったようである。第一次大戦時とは異なり、登録された戦争チャリティの全体像も分かっていない。

もちろん、チャリティ団体が英雄的な戦時貢献をした事例はある。ライフボート協会は、第一次世界大戦時には、収入と乗組員の減少に苦しみ(二〇世紀初頭の一〇分の一程度に落ちた)、その中で通常業務を遂行していた。しかし、この頃のライフボートは一九世紀型の旧式のオールで漕ぐタイプのものが大半で、戦争協力をするには至らなかった。ところが、戦間期のうちにガソリンエンジンの搭載が標準化した。収入と乗組員の問題は相変わらず戦時には厳しかったのだが、ボートの近代化が協力を可能にした。

一九三九年十一月二十六日、ドーヴァーのライフボート、サー・ウィリアム・ヒラリー号は、機雷敷設海域のただなかで航行不能に陥った海軍のトロール船ブラックバーン・ローヴァー号の救出を敢行した。一九四〇年五月二十六日から始まったダンケルク撤退戦においては、事前に海運省から連絡を受けたライフボート協会は、イングランド南岸の港のライフボート基地に指示を出し、三三万七〇〇〇人の連合国兵士をブリテン島に撤退させる作戦に協力した。ラムズゲイトのブルーデンシャル号だけで、不眠不休の四〇時間に、二八〇〇人の兵士を沖合に待つ駆逐艦へ輸送したという。また、一九四〇年の七月から十月にかけて、ドイツ空軍の侵攻をイギリス空軍が迎え撃って退けた「ブリテンの戦い」では、海上に墜落した英独両軍のパイロットの救出に協会のライフボートは従事した。ほかにも、離島に食糧を届けるなどした。ダンケルクを除いても、大戦中に六三七六人の命を救った。

この英雄的なエピソードとは裏腹に、当時のチャリティは、前大戦の時とは全く異なる試練にさらされた。総力戦によって国民の水平的な連帯感が高まったためにチャリティが衰微したわけではない。むしろ、戦時の人材払底に加え、第一次世界大戦期にはなかった度重なる本土空襲による物理的な破壊(死者六万人、重傷者八万六〇〇〇人)が、これまで根強く存続してきた

図31　空襲の被害を受けたチャリティ施設
1941年5月10日の爆撃で，トインビー・ホール(117頁)は館長住居と図書室を完全に破壊された．

チャリティ伝統に打撃を与えたのである。地域の小規模なチャリティ活動の拠点にもなってきた日曜学校の建物も、地域訪問協会活動の拠点になってきた教会や宣教所やセツルメント館も、空襲で甚大な被害を受けた。中世以来の慈善信託型や比較的新しい篤志協会型の病院や施療院も、すでに財政難に苦しんでいた上に、おそらく意図的に標的にされ、甚大な被害を被った。

前大戦期に続き、男性が出征した穴を埋めるべく女性たちが労働の現場に出たために、これまでチャリティ活動を支えていた人材が払底し、活動が十分に行えなくなったことも、衰微を助長した。また、戦間期に大幅に進んだ国家の福祉役割の増大とその財源としての累進課税の定着により、既存のチャリティの国家補助的な性格が強まり、これらに対する寄付額が停滞していた。さらに、既存のチャリティの背骨をなしてきたキリスト教が、自由意志に基づくチャリティよりも強制的で公正な税金に基づく国家福祉を、社会正義を達成する上でより効率的だと認める立場をとるようになったため、チャリティの大きな推進力が失われた。戦後、福祉国家が導入される際には、チャリティ界に自己主張する余力は残されていなかったのである。

それでは、三つの気持ちに沿って、二〇世紀前半の戦争の時代のチャリティをまとめてみよう。㈠**困っている人に対して何かしたい**――。敵と戦い国を守る兵士や憎い敵に蹂躙された味方の人々を救い、イギリスの道徳的優位を示し、同時に戦争の最終的勝利に向けてチャリティという形で貢献したい。しかし分け隔てのないチャリティというわけではないし、第二次大戦期には何かしたくても物理的に不可能な状況になる。この点、戦間期に花開いた国際NGOは、こうした内向きの志向とは真逆である。

㈡**困っている時に何かをしてもらえたら嬉しい**――。前線や捕虜収容所の兵士にとっても、戦死者の孤児や未亡人にとっても、母国が自分を忘れていないことを実感できる。しかし、国家福祉が自明化するにつれ、国内でその思いは減退する。

㈢**自分の事ではなくとも困っている人が助けられている光景には心が和む**――。国外の連合国の人々への支援はイギリスのリーダーシップをイメージさせて満足感があり、イギリス人への支援は危機に遭っても同胞を見捨てないやさしさが感じられる。しかし第二次大戦期にはチャリティを十全に行う安全な環境は失われていた。

三　福祉国家の時代のチャリティ

福祉国家化とチャリティの一時的後退

前節では二つの世界大戦の時期における戦争チャリティの実態と、戦間期における国際NGOの隆盛を描いたが、これらは、平時の従来型のチャリティを建物の一階と見立てた場合、二階にあたる部分である。それでは、当の一階部分では二〇世紀前半、どのような事態が生じていたのだろうか。

二〇世紀初頭には累進課税が進み、それを原資として、国民保険や老齢年金の制度が機能し始めた。一九一四年には別居手当が整備され、一九一六年には年金省、一九一九年には保健省が設けられた。国家による福祉予算は、一九世紀に比して劇的に増加した。二〇世紀初頭までは、既存のチャリティの網の目の隙間に、国家による公的な福祉が入っていた（たとえば初等教育）。しかし、チャリティ団体や友愛組合など民間の団体は、国家福祉供給の窓口として業務を担うようにもなる。一九一九年には、救済ギルド（一〇七頁）の発展型として、福祉において国家との連携を図る社会サービス全国協議会（現在のボランティア組織全国協議会――vii頁）も設立された。

数字を用いて二〇世紀前半の劇的な国家福祉化の様子を描いてみよう。政府支出に占める社会サービス支出は、一九〇〇年には一八%であったが、一九一三年には三三%になり、一九五〇年には四六%を超えた。政府支出の対GDP比も、一九〇〇年から一九五〇年に一三・三%から三七・五%に増えた。明らかに「大きな国家」になっている。

一九三四年、リヴァプールでソーシャルワーカーの育成者として経験を積んできたエリザベス・マカダムは、「この四〇年の間に成長し得てきた国とボランティア部門の社会事業の混合」を、イギリスに固有のパートナーシップと捉え、そのように国家に協力するチャリティのありかたを「新しいフィランスロピー」と呼んだ。一九三八年に刊行された『自発的《ボランタリ》な市民』の中で、著者コンスタンス・ブレイスウェイトは、フィランスロピーに対する国家の優位を認めた。「チャリティの財源は国家のそれと比べれば非常に小さい」という観察は、一九世紀までの小さな国家のもとでのチャリティの活況を見てきた本書の読者にとって驚きだと思う。大学など教育部門をはじめとして、諸種のチャリティ団体への国家補助金も増額されていった。

このようなチャリティの地位の変化は、一般に「福祉会社におけるジュニア・パートナー」化と理解される。先の戦争チャリティや国際NGOの発展まで視野に収めれば、やや修正する必要があると思われるが、客観的な指標をみると、たしかに一九世紀末までに比べて、チャリティやフィランスロピーのプレゼンスは急減している。新聞・雑誌類にあらわれるチャリティやフィランスロピーといった語の、電子データベースにもとづく出現頻度調査によると、二〇世紀に入ると突然、いずれの語の言及も一挙に減少を始め、その傾向は戦後の福祉国家の時代になっても変わらず、一九七〇年代までは停滞が続く。

戦後の福祉国家は、ベヴァリッジが青写真を書き、アトリーが首相の時に本格的に始動させた。二人とも、若き日にセツルメント運動で汗を流した人物で（一一九頁）、チャリティに依存することの限界は知悉していたもののその価値は信じていた。それゆえ、彼らはチャリティの代替物として国家福祉を持ってきたわけではなかった。ベヴァリッジ自身、一九四八年に出した『自発的な行動《ボランタリ・アクション》』（一九四二年のいわゆるベヴァリッジ報告『社会保険と関連サービス』と一九四四年の『自由社会における完全雇用』に続く第三の報告）の中で、営利と個人の倹約と互助と並んで「フィランスロピー」を、「国家がすべてをコントロールする全体主義社会とは異なる自由社会の証」として重視していた（東西冷戦の状況が影を落としていることに注意）。自助（営利活動や倹約）と互助とチャリティという伝統的な福祉の複合体の構成要素を温存しつつ、公的救貧の発展継続的代替として国家福祉を整備しようとしたのである。

この意図はその後どの程度実現したのか。第二次世界大戦期におけるチャリティの物理的な大規模破壊とチャリティの精神《エートス》を支えてきたキリスト教界の福祉国家受容の態度をよく知っていたベヴァリッジにとって、こうしたチャリティ評価は失われゆく価値へのノスタルジアの表明だったのかもしれない。実際、「ゆりかごから墓場まで」の福祉国家は、それまでチャリティが担っていた領域を大幅に侵食した。しかも国民は、そうした福祉的給付を、恩恵ではなく権利として受け取れることになった。一九四八年のある世論調査によると、九〇%以上の人が、もはやイギリスでチャリティの果たす役割はないと考えていたという。

たしかに、公共サービスは充実し、教育水準は上がり、極度の困窮者は劇的に減少して格差が是正され、雇用が安定し、寿命が延びて、全般的な人生への安心感が向上した。こうして、チャリティは居場所を失っていった。そのことが、新聞などでの言及数の低迷に現れているのである。実際、戦後の数十年間、国内の多くの団体が、具体的な貧困・窮状の直接的な救済(サービス提供)よりも、何らかの社会的大義のための行動(アジェンダ形成)を重視するようになった。政府に貧困対策を求めるロビー活動(七〇年代から活発化)、核兵器廃絶運動や女性や労働者の権利拡張運動、環境保護、人権擁護などである。

旧帝国におけるチャリティの活況

他方で、二〇世紀後半、イギリスのチャリティは旧帝国に活路を見出した。チャリティ活動をしたい人、チャリティに金を出したい人は、福祉国家時代のイギリスにも依然として相当数、存在したのである。前章で詳述した帝国各地での(医療や教育の提供を伴う)キリスト教宣教やアボリジニ保護、移民受け入れの活動は、二〇世紀に入っても続けられていた。同世紀前半がプロテスタント宣教の最盛期という見方もある。ともかく、この土壌が新たな機会を提供した。セーブ・ザ・チルドレンやオックスファム、クリスチャン・エイドといった国際NGOもアフリカやインドなどで、現地の宣教師らと協力して、緊急人道支援に熱心に取り組んでいた。イギリス政府も一九二九年に植民地開発法を、一九四〇年代に一連の植民地開発福祉法を制定し、開発援助によって帝国支配を正当化し存続させようとしていた。しかし、脱植民地化は止めがたく、イギリスの人道主義者たちの居場所と主要な活動方針を一変させる転機にもなった。

国連食糧農業機関のB・R・センの呼びかけで、一九六〇年、長期的な開発援助のための、飢えからの自由《フリーダム・フロム・ハンガー》キャンペーンがはじめられた。世界中で各国委員会が結成されたが、イギリスの飢えからの自由キャンペーン委員会が国際的にもっとも多くの資金を集めた。七〇ほどの参加団体の中には、セーブ・ザ・チルドレン、オックスファム、クリスチャン・エイド、ウォー・オン・ウォントが名を連ね、一〇〇〇をこす地方委員会ができ、最初の五年間で七〇〇万ポンドの募金を集めた。このキャンペーンは一九七〇年代まで約二〇年続いた。イギリスの委員会は一九六〇年代に二六三のプロジェクトの実施に携わった。アンティグアの漁師への融資、インドの職工学校、韓国での牛や種子の提供など多岐にわたった。

オックスファムの一九六〇年代の活動をまとめた『大海の一滴』(一九七〇年)によると、一九六一年、この団体はヨーロッパに四万ポンド、中近東に一三万ポンド、アフリカに四七万ポンド、インド、パキスタン、ネパールに一〇万ポンド、香港、韓国、その他の極東地域に一四万ポンド、カリブ海と中米、南米に一万ポンドを費やした。オックスファムは六〇年代を通じ、これまでの緊急支援(地震、戦争などの被災者)だけでなく、農業開発、技術訓練、医療施設の改善、その他の福祉プロジェクトといった「開発」に重きを置くようになった。

こうした経験を通じて、イギリスのチャリティ団体は長期開発援助という新しいミッションを見出した。それをアピールすることによって、諸国が帝国から独立をしていく中で、現地の宣教師や、去りゆく植民地政府と新しい国家、そしてイギリス本国の政府(植民地省)や、寄付先を求めるイギリス市民の利害と複雑に関わり合いながら、自らの新しい存在意義を確認し、それを各方面にも認めさせていった。

チャリティ団体による開発援助が成功したかどうかの判断は難しい。後から見れば、非効率や腐敗の助長を指摘できる。しかし、六〇年代のチャリティ団体には客観的な評価指標の持ち合わせはなく、主観的には成功したと考え、そのように支持者にもアピールした。

福祉国家の時代にチャリティを支えた「三つの気持ち」を想定することができるだろうか。国内的に、チャリティへの思いのエネルギーは抑圧されていた(福祉国家が「三つの気持ち」を奪取した)とみてよかろう。海外での援助活動も念頭に置いて概観してみよう。

㈠困っている人に対して何かしたい――。しかし国内の弱者は基本的に国家福祉が救ってくれるから、その気持ちの多くは国外に振り向けられるか、アジェンダ形成に向かった。

㈡困っている時に何かをしてもらえたら嬉しい――。国家福祉が充実していた時期には権利や正義として福祉を要求できるのに、わざわざ施しを含意するチャリティで救われることを喜ぶ条件はなくなっていった。ただしアフリカでは植民地政府も後継新生国家もイギリスからの民間の資金援助はぜひとも欲しいものだった。

㈢自分の事ではなくとも困っている人が助けられている光景には心が和む――。チャリティではなく国家福祉によって救われる姿は、ある人にはより良い生活を求めてきた人類の努力の達成として美しく映り、ある人には人間の堕落と国際競争力の低下を生む禍々しい光景に見えただろう。一方、旧帝国へのチャリティによる開発援助は、普遍的人道を信じる人間としての、あるいは(旧)帝国宗主国の人間としての責任を果たせる、満足感のある手段だった。

四　ポスト福祉国家へ

チャリティの復権?

チャリティやフィランスロピーといった語は、一九八〇年代から、再び急速に言及されるようになる。これは、国家福祉を前提にした国民経済の国際競争力の低下と世界的な新自由主義的傾向を敏感に読み取った、一九七九年からのサッチャー政権による福祉削減政策、および「社会などというものはありません」という発言や、「ヴィクトリア時代への回帰」すなわち福祉依存ではなく自助努力を強調する姿勢と連関している。サッチャー政権末期、一九八九年の論集『チャリティと政府』において、編者アラン・ウェアは過去数年の現象をこう記している。

かなり突然、チャリティはイギリスにおける公的な関心事の中心に躍り出てきた。ながらく社会科学者や政治ジャーナリストたちによってほとんど無視されてきた後、チャリティは興味深い、ひょっとしたら重要かもしれない社会制度として「発見」された。

チャリティの伝統を誇るイギリスは、戦後の四〇年ほど、チャリティを忘れていたというのである。それほどに存在感は低下していた。さて、サッチャー保守党政権が進めた小さな国家化(権限委譲)とは、福祉国家の中で補助金を得て命を長らえていたチャリティ界にとっては、要するに、比較的自由に使えた補助金の削減、そしてより強固に公的サービスの業務委託的《アウトソーシング》な責任を負わされる「契約文化」の到来であった。そのため、ある意味で福祉国家に従属して存続してきたチャリティ団体は、突如、新自由主義の荒波に放り出される格好になった。

八〇年代には、伝統的な募金の方法にも限界がみられるようになった。各団体はスタッフのプロ化をさらに進め、市場を意識した資金調達方法（寄付だけでなく販売や手数料収入など）をさまざまに模索する必要に迫られた。一九世紀後半にも、チャリティ団体は資本主義社会の中で生き残るために工夫を重ねたが、今回、よりシビアになった新自由主義的経済の競争的環境での生き残りが課題となったのである。

ウェアは、チャリティ団体数が急増してきていると述べている。別のデータによれば、チャリティ委員会が登録しているチャリティ団体数は、一九七〇年代から増加に転じている。そして、収入の増加が顕著にあらわれるのは、一九九七年にブレア政権が誕生した頃からである。本書の冒頭で概観した現代イギリスのチャリティの活況は、福祉国家下での約四〇年の相対的な低迷を経た後の、復権の姿である。

トレンドの再逆転をもたらした要因は福祉国家の機能不全（イギリス病）やサッチャリズムだけではない。ウェアは、一九八四年から八五年にかけて起こったエチオピア飢饉も重視している。この出来事は、イギリスのみならず世界の国際人道支援の歴史上、画期的な意味を持つ。

ライブ・エイド

一九八四年といえば、イギリス現代史では、サッチャー政権が大規模な炭鉱ストを粉砕し、新自由主義改革の象徴となった年として記憶されるが、もうひとつ、本書にとって大きな出来事があった。その年の十月、エチオピアの深刻な飢饉を伝えるBBCのテレビ報道がイギリス世論に火をつけたのである。

そして、アイルランドのボブ・ゲルドフとスコットランドのミッジ・ユーロの主導で、印税をチャリティに寄付するためのシングル曲「かれらは今クリスマスだって知っているだろうか」が作詞作曲され、これをスティングやU2のボノ、デュラン・デュランのサイモン・ル＝ボン、ワム！のジョージ・マイケルやカルチャー・クラブのボーイ・ジョージらの「バンド・エイド」が録音して、クリスマス市場に送り出した。この曲は三〇〇万枚を売り上げ、数百万ポンドの収益金がエチオピア救済のために寄付された。

さらに、ゲルドフはバンド・エイド基金を設立し、一九八五年七月、ロンドンのウェンブリー・スタジアムとフィラデルフィアのジョン・F・ケネディ・スタジアムを会場とする同時開催の巨大イベント、ライブ・エイドを挙行した。ロンドンではU2、クイーン、エルトン・ジョン、ポール・マッカートニーらが、フィラデルフィアではマドンナ、フィル・コリンズ、エリック・クラプトンらが演奏を披露した。これを世界一五〇か国の一九億人(多くが若者)がテレビ視聴したとされ、一億五〇〇〇万ポンドの寄付金が集まった。史上空前のチャリティ・イベントである。なお、バンド・エイドの成功に刺激を受けて一九八五年の初頭にアメリカ合衆国で作られたのが、マイケル・ジャクソンとライオネル・リッチー合作の「ウィ・アー・ザ・ワールド」である。ステイーヴィー・ワンダーやビリー・ジョエルら四五人が録音に参加した。

エンターテイメント界の著名人がチャリティ活動をすることは、それまでも珍しくはなかったのだが(一三二頁)、これほどの規模で実現して若年層をひきつけた例はなく、以後のセレブリティとチャリティの関係を規定したところもある。もっとも、たしかに規模においては画期的であるが、レイシスト的と言わざるを得ないアフリカ表象のありかたといい、市場性といい、イギリスにおける数百年に及ぶチャリティの伝統の枠内に位置付けられることも忘れてはならない。

二〇世紀末から二一世紀へ

一九九七年から二〇〇七年まで続いたトニー・ブレアの労働党政権は、保守党の奉じる新自由主義でも旧労働党の奉じる社会民主主義でもない「第三の道」を掲げた。そして、チャリティ部門を積極的に振興し、マーケット・セクター(市場)か公的セクター(国家福祉)の二者択一ではなくその中間も利用してバランスをとろうとした。

二〇一〇年に政権を握った保守党D・キャメロンの政府は、労働党政権時代の財政出動を批判して緊縮財政に舵を切り、「ビッグ・ソサエティの建設」を謳った。市民、コミュニティ、地方政府に権限を委譲して互いに協力させ、社会を「さらに大きく強くする」構想であった。具体的には、政府のデータを開示し、地方政府とコミュニティに多くを委ね、人々には「チャリティ的な寄付やフィランスロピー」、協同組合などの互助組織に深く携わってもらうということであった。ただし緊縮財政により福祉は削減、チャリティ全般への寄付は伸び悩んだ。国の赤字を解消するために社会的な赤字が発生したのである。そして皮肉にもフード・バンクを展開するチャリティは急成長をみた。福祉の冷酷、弱い人たちの支え合い、チャリティの貢献は、ケン・ローチ監督の映画『わたしは、ダニエル・ブレイク』(二〇一六年)で活写されている。

イデオロギー的に異なる労働党と保守党が、どちらも(補助金の額も大きいが)チャリティに依拠した社会や国家の形を二一世紀に模索していることは、強調されるべきだ。

二〇世紀後半にあったような福祉国家が、もはや立ち行かなくなりつつある中で、チャリティに対する期待は高まる一方である。そして、人々もまた、国家からの要請だからというわけではなく、福祉国家の四〇年の間、少なくとも国内的には停滞していたかに見えた伝統のチャリティを、時代に合わせてバージョンアップしながら、継承発展させていっている。

法制度もこの適応の過程を如実に示している。一八五三年にできた国の常設機関チャリティ委員会は主として慈善信託の登録と監督をしてきたが、一九六〇年からは篤志協会型もますます登録していくようになった。また、一六〇一年のチャリティ用益法(三〇頁)で列挙されたチャリティに該当する諸活動は、その後、法的には慈善信託に関し、社会的にはチャリティ全般に関して、定義を与えてきた。一八〇五年のロミリー判例でも、チャリティは、一六〇一年法の趣旨に沿って次の四つに分類された。困窮者の救済、学問の振興、宗教の振興、全般的な公益である。これは一八九一年のマクノートン判例でもほとんど踏襲され、二〇世紀を通じても、この四分類が一貫してチャリティの定義の基礎をなしてきた。一六〇一年の法文の精神が現代社会まで規定していたのである。ところが二〇〇六年のチャリティ法によって、一六〇一年法の縛りは放棄され、より多様化した現代に沿うチャリティの定義が採用された。すなわち、

⑴貧困の予防または救済　⑵教育の振興　⑶宗教の振興　⑷健康の振興または人命の救済　⑸シティズンシップまたはコミュニティ開発の振興　⑹芸術、文化、ヘリテイジまたは学術《サイエンス》の振興　⑺アマチュア・スポーツの振興　⑻人権、紛争解決または和解の振興、または、宗教的ないし人種的な調和の増進または平等と多様性の増進　⑼環境の保護と改善の振興　⑽若年、老齢、不健康、障害、金銭的困難またはその他の不利な境遇のゆえに困っている人々の救済　⑾動物福祉の振興　⑿イギリス軍の効率、または警察、消防、レスキュー、救急の効率の増進　⒀現行のチャリティ法で認知されているか、あるいは前項いずれかの基準にあてはまる何らかの目的の範囲内にあるかそれともそれに類するような諸

目的。

学術団体も、キリスト教以外の宗教も、スポーツも、法的にはチャリティとみなされているのである。そして、チャリティはこれからも、エッセンスを保ちつつ柔軟に器の形を変えていくだろう。

最後に三つの気持ちに沿ってポスト福祉国家時代のチャリティについて、小括をしておこう。㈠**困っている人に対して何かしたい**――。国家が十分に救済できない上は、また、国際外交が問題を解決できないなら、ときに国境を越えて連帯する市民の手で対処するのが正義だ。同じ人間として何かをするのは崇高な義務である。㈡**困っている時に何かをしてもらえたら嬉しい**――。国家も国連も無力な時、チャリティによる救済は、短期的な生活を成り立たせてくれるだけでなく、命の危機を救い、教育の機会を与えてくれる。これは、自分は見捨てられていないのだという希望を与えてくれる。代替策がない限り、これを偽善として拒絶する当事者はいない。㈢**自分の事ではなくとも困っている人が助けられている光景には心が和む**――。地元の小コミュニティでなされるボランティア活動であれ、内戦で疲弊した外国での医療活動であれ、それらは人間の連帯が、どこまでも柔軟に、可能であることを思い出させてくれる。

おわりに――グローバル化のなかのチャリティ

変わらないイギリス？

ここまで論じてきたように、イギリスをイギリスたらしめてきた要素として、本書はチャリティのダイナミックな伝統を重視した。二〇世紀後半の約四〇年間、福祉国家の全盛期には例外的に国内では相対的に停滞したが、数百年にわたり、近世以降のイギリス史には途切れなく、チャリティという軸が貫いている。ただし、その軸は自生した固有種ではなくヨーロッパ的な文脈の影響を受け、帝国や世界と相互作用して、姿を変えながら伸びかつ各地に伝播してきた。そして、時代の諸課題に対応してきた。数百年前の誰かのチャリティが、現在の誰かのチャリティと肩を並べて、国内外に広くインフラを提供してきている。チャリティ抜きのイギリス史はあり得ない。

パンデミックの衝撃

二〇一九年末から、中国の武漢で発生が確認されて注目された新型コロナウイルスが、ほんの数か月で世界中に蔓延してしまった。三月には欧米各地で都市封鎖が実施され、四月からは日本でも緊急事態宣言が発出され、社会生活が根本的にといってよいほどに変容した。四月から五月にかけて、人々は自宅に身を潜め、他人との接触を極力避け、学校は休みになり、仕事はリモート化した。ホームレス支援の雑誌『ビッグ・イシュー』(一九九一年のロンドンが発祥)は対面型では売れなくなってしまい、感染リスクのある炊き出しや子ども食堂は相次いで休止に追い込まれた。一九九五年の阪神淡路大震災や二〇一一年の大震災・津波・原発メルトダウンの時でさえ、ここまでの全国的(全世界的)閉塞状況には至らなかったのではないか。

それでも、今回もチャリティは存在感を示した。カミュの小説『ペスト』(一九四七年)の登場人物たちが、ボランティアの「保健隊」を組織し、命を懸けて疫病と戦ったように、世界中で最前線で治療にあたる医療従事者に対し、社会的な連帯の動きがみられた。

大きなところでは、二〇二〇年四月十九日、世界保健機関(WHO)と貧困問題の啓発団体「グローバル・シティズン」の共催で、「世界はひとつ――自宅で一緒に」というオンライン・イベントが行われた。歌手のレディ・ガガが発起人となり、アメリカ合衆国を中心に世界の著名歌手がそれぞれの自宅(とおぼしき場所)で、メッセージと歌を披露し、視聴者に家に留まることを求めつつ、医療従事者を激励し、彼らを支援するための寄付を募った。翌日には一億二七九〇万ドルが集まった。一九八五年のライブ・エイドを想起させるが(今回もポール・マッカートニー、エルトン・ジョン、スティーヴィー・ワンダーらが参加した)、アーティストも観客もオンラインで「集まった」ところが新しい特徴である。

小規模で心温まるエピソードはイギリスで見られた。同じ四月、ベッドフォードシャに住む九九歳の退役軍人トム・ムーアが、現代イギリス人の誇りであるNHSの医療従事者への寄付——具体的には「NHSチャリティを共に」という組織へ——一〇〇〇ポンドを集めるため、自宅の周りを一〇〇歳の誕生日までに一〇〇周歩くというチャレンジを達成した。このチャレンジは、SNSを含む各種メディアで大きく取り上げられたこともあり、当初の想定をはるかに上回る三二〇〇万ポンドをこえる寄付金を実現した(この功績によりナイト位)。チャリティは福祉国家の象徴的な機構をこのような仕方で支えることもできる。

歴史学的な歴史像

本書には、私の歴史観を色濃く投影した。繰り返し、「三つの気持ち」に沿った小括を付してきた。ときに直前の小括と大いに異なり、ときに微修正程度であり、しかし、一貫して前代の経験が完全には消去されずに次々に上書きされつつその積み重なりが立体的な像を構成するように描いてきたつもりである。AからB、BからCと転換していったという意味ではなく、Aの上にB、(Aを上書きした)Bの上にC……というイメージである。そして各時代の「三つの気持ち」はあくまで最大公約数ないし比較のための理念型であり、現実にはこの核の周囲に無数のヴァリエーションがあると考えてほしい。

そのような叙述の試みがどのくらい成功しているかの判断は読者に委ねる以外にない。しかし、私は長期的な視点で歴史を書くときには、このような重畳を、言い換えれば、一色刷りの分かりやすい命題で済ますことのできない複雑さを、できるだけ平明な文章で読者に伝えることが、歴史学者を名乗る人間のひとつの使命であると考えている。

そして、未来のイギリスに観察できるであろうチャリティを支える「三つの気持ち」の内実は、そのとき特有の文脈に規定されて特色が出ているに違いないが、本書で積み重ねてきたヴァリエーションの数だけの幅ないし濃淡が背景にある。人間の歴史は、旧い時代がリセットされて新しい時代がくる、を繰り返す単線的な時間的継起ではない。過去の経験がときに沁み出し、ときに後景に退きつつ、次第に複雑さを増す、複合的時間の撚り合わせなのではないか。

チャリティのこれから

チャリティは今後もイギリスを特徴付けていくのだろうか。日本に根付いていくのだろうか。これまで人類が構想し得た現実的な政治制度の中で、資本主義を容認するならば、健全な市場経済と、適正な財の再分配を実行し社会正義を保障する行政の二重のセーフティネットの下で人々が自由であり続ける「完全」な福祉国家、資本主義を容認しないならば、完璧な計画経済と強力な行政の下で人々が平等であり続ける「完全」な社会主義国家、この二種類の政体だけが、チャリティ的なるものを不要にすることができるであろう(より理想主義的に言えば、世界の諸格差・諸問題を是正するべく、租税回避を不可能にして累進課税を機能させ、地球環境への負荷を抑制しつつ社会インフラを中長期的な視野に立って維持する、民主的に代表が選ばれる世界政府)。

現状では、世界中の国家は、国民の生活にマイナスな影響を及ぼすグローバルな政治も経済も環境も効果的にコントロールできない一方で、国民に対する統制を強めている。個々人の権能を高めるサービスは減る一方で、国民に「痛み」を甘受させ、従うことを求めている。福祉国家も社会主義国家も、理念ごと破綻したとは言わないが、深刻な機能不全を呈している。

そうであるならば、チャリティは、格差を容認したり、ときに国家に利用されたり、不正に関与したりといった問題もあるが、国家機構の外部で、市民が市民性を発揮し得る大切な領域と言えるのではないか。困っている人に手を差し伸べたい、困っている時に助けられたら嬉しい、そのような救い救われる関係が成り立っているコミュニティの姿には心和む、という気質の人間類型を否定するのでないならば、チャリティを維持する効用は認められるのではないか。

そして、このような人間こそが、これからの公的福祉を否定するのではなくむしろ進んで支えようとするのではないか。しかも、この人間は特定の国民国家だけに紐づけされた存在ではない。地域にも、普遍的な大義にも、外国にも拡がる、「地球的《グローバル・シティズン》」市民たり得る。多様な動機あるいは柔軟な共感力の存在が、希望ではないか。新自由主義のイデオロギーを突き詰めた先にある、偶然富と力を得た者がすべてを得て、偶然その機会に恵まれなかった者が持っているものまで奪われるような完全「実力」社会のディストピアに抗する希望ではないか。

近年、「博愛事業資本主義《フィランスロキャピタリズム》」という、経営の論理（費用対効果）を前面に押し出す巨大企業の創業者らによる大型チャリティが注目を集めているが、中長期的に見て、どのようなチャリティがどのような形で実を結ぶかは分からない。ならば、超富裕層が寡占するのではなく、広く薄くさまざまな境涯の市民のそのときどきの善意が柔軟に反映される組織が散在し、さまざまな弱者のニーズを捉え、試行錯誤しながらコミュニティを豊かにしていく方がよい。

かつてウィンストン・チャーチルは、「民主政は最低の統治形態である。ただし、これまでに試された他のすべての統治形態を除いて」と述べたが、チャリティ的なるものにも同様の指摘をすることができる。世界のさまざまな社会問題を解決・緩和する手段として、どうしても自己本位で恩着せがましくなってしまうチャリティは、「最低の救済形態」かもしれない。しかし、福祉国家も社会主義国家も国家主導の国際援助も理想的な形では機能し得ないのであれば、そして、自活か破滅かを引き受ける孤立した個人も、境遇を同じくして水平的な紐帯で団結する集団も、どちらも持続不可能なら、ほどほどに個人主義的で集団主義的な人間にとって、チャリティほど歴史に鍛えられた、チャリティよりましな柔軟で現実的な仕組みを、まだ私たちは知らない。

あとがき

チャリティを軸にしてイギリス史を書きたいという気持ちは、大学院生の頃から抱いていた。とはいえ、執筆する準備が整ったと思えるまでに、おどろくほど時間がかかった。専門にしている近代イギリスにおけるチャリティだけでなく、その前近代からの脈絡や、現代への展開、そしてブリテン島本土を越えた広大な「帝国」や「世界」でのあらわれを、一つの図柄に落とし込む必要があったからである。こうして、やっと人に読んでもらいたい内容にまとめることができた。

チャリティ史研究でもっとも接近困難なのは、与え手ではなく受け手の経験の理解である。一九世紀末までは、受け手が当事者としてチャリティ経験を書き残すことはほとんどない。利用できるのは、本書で紹介したモース家の事例(七三頁)のように、与え手側が代弁したり再構成した括弧つきの経験の記録であり、往々にしてそこには与え手の持つ偏見が色濃く反映している。受け手の主体性がかいまみえる無心の手紙も、与え手の設定したルールに制約されているという意味で、そこから受け手のリアルな経験あるいは本音を引き出すことは容易ではない。歴代の与え手たちも、受け手の経験や思いについては(はなから考えないか)想像するしかなかったのである。ただ、この想像力こそが、他者に対する「共感」や「同情」の条件なのではないかとも思う。

一九世紀末にロンドン最悪のスラム「ニコル」(一一三頁、図14)に生まれ育ち、長じては犯罪にも手を染めた前科数犯のアーサー・ハーディングという人がいる。一九七〇年代、晩年の彼は足掛け六年かけてインタヴューを通じてライフヒストリーを語った。そのテープ記録を編集した本が、イギリス社会史の代表的研究者として知られるラファエル・サミュエルによって一九八一年に出版されている。ハーディングの幼少期の回想箇所には、彼とその家族が経験したスラム街の暮らしと各種チャリティを含む「福祉の複合体」が描き出されている。詳細な註のおかげもあり、読者は生彩にチャリティの受け手(子ども)の経験を追体験できる。

近い過去の話でもなく、後に立身(更生)した人の道徳的ないし反省的な回顧でもない。私には、ハーディングが忖度なしに「子どもの頃の自分はこういう世界に生きていた」という記憶を語っているように思える。そして、そこに出てくるチャリティは子どものハーディングに恥をかかせもしないし、憤らせもしないし、へりくだった感謝の念もおぼえさせない。ただ、数ある生存・生活の手段のひとつとして、ありがたいものとして、当たり前に存在していたように見える。一般化できないことは言うまでもないが、非常に示唆的である。

本書では、特別に説明の必要な人文社会科学の概念や理論をできるだけ用いないようにした。そのような概念と理論を参照していないわけでも否定しているわけでもない。むしろ私の思考をいくつもの局面で導いてくれた。にもかかわらず、それらの使用を避けたのは、たいていの歴史事象はふつうの散文で表現できると信じているからである。

最後に、本書の編集者として「共感」的に伴走してご助言や励ましをくださった飯田建さんに心からの感謝の念を表したい。

二〇二一年一月

金澤周作

岩波新書より

社会

サイバーセキュリティ　谷脇康彦
まちづくり都市 金沢　山出保
虚偽自白を読み解く　浜田寿美男
総介護社会　小竹雅子
戦争体験と経営者　立石泰則
住まいで「老活」　安楽玲子
現代社会はどこに向かうか　見田宗介
EVと自動運転 クルマをどう変えるか　鶴原吉郎
ルポ 保育格差　小林美希
津波災害〔増補版〕　河田惠昭
棋士とAI　王銘琬
原子力規制委員会　新藤宗幸
東電原発裁判　添田孝史
日本問答　田中優子 松岡正剛
日本の無戸籍者　井戸まさえ
〈ひとり死〉時代のお葬式とお墓　小谷みどり
町を住みこなす　大月敏雄
親権と子ども　榊原富士子 池田清貴
歩く、見る、聞く 人びとの自然再生　宮内泰介
対話する社会へ　暉峻淑子
悩みいろいろ　金子勝
魚と日本人 食と職の経済学　濱田武士
ルポ 貧困女子　飯島裕子
鳥獣害 動物たちと、どう向きあうか　祖田修
科学者と戦争　池内了
新しい幸福論　橘木俊詔
ブラックバイト 学生が危ない　今野晴貴
原発プロパガンダ　本間龍
ルポ 母子避難　吉田千亜
日本にとって沖縄とは何か　新崎盛暉
日本病 長期衰退のダイナミクス　金子勝 児玉龍彦
雇用身分社会　森岡孝二
生命保険とのつき合い方　出口治明
ルポ にっぽんのごみ　杉本裕明
鈴木さんにも分かるネットの未来　川上量生
地域に希望あり　大江正章
世論調査とは何だろうか　岩本裕
フォト・ストーリー 沖縄の70年　石川文洋
ルポ 保育崩壊　小林美希
多数決を疑う 社会的選択理論とは何か　坂井豊貴
アホウドリを追った日本人　平岡昭利
朝鮮と日本に生きる　金時鐘
被災弱者　岡田広行
農山村は消滅しない　小田切徳美
復興〈災害〉　塩崎賢明
「働くこと」を問い直す　山崎憲
原発と大津波 警告を葬った人々　添田孝史
縮小都市の挑戦　矢作弘
福島原発事故 被災者支援政策の欺瞞　日野行介
日本の年金　駒村康平

岩波新書より

法律

- 治安維持法と共謀罪　内田博文
- 裁判の非情と人情　原田國男
- 独占禁止法〔新版〕　村上政博
- 密着 最高裁のしごと　川名壮志
- 「法の支配」とは何か 行政法入門　大浜啓吉
- 会社法入門〔新版〕　神田秀樹
- 憲法への招待〔新版〕　渋谷秀樹
- 比較のなかの改憲論　辻村みよ子
- 大災害と法　津久井進
- 変革期の地方自治法　兼子仁
- 原発訴訟　海渡雄一
- 労働法入門　水町勇一郎
- 人が人を裁くということ　小坂井敏晶
- 知的財産法入門　小泉直樹
- 消費者の権利〔新版〕　正田彬
- 司法官僚 裁判所の権力者たち　新藤宗幸
- 名誉毀損　山田隆司

- 刑法入門　山口厚
- 家族と法　二宮周平
- 憲法とは何か　長谷部恭男
- 良心の自由と子どもたち　西原博史
- 著作権の考え方　岡本薫
- 有事法制批判　憲法再生フォーラム編
- 法とは何か〔新版〕　渡辺洋三
- 民法のすすめ　星野英一
- 日本社会と法　渡辺洋三・甲斐道太郎・広渡清吾・小森田秋夫編
- 日本の憲法〔第三版〕　長谷川正安
- 憲法と天皇制　横田耕一
- 自由と国家　樋口陽一
- 憲法第九条　小林直樹
- 納税者の権利　北野弘久
- 小繋事件　戒能通孝
- 日本人の法意識　川島武宜

カラー版

- カラー版 国芳　岩切友里子
- カラー版 知床・北方四島　大泰司紀之・本間浩昭
- カラー版 西洋陶磁入門　大平雅巳
- カラー版 すばる望遠鏡の宇宙　海部宣男・宮下曉彦写真
- カラー版 ベトナム 戦争と平和　石川文洋
- カラー版 難民キャンプの子どもたち　田沼武能
- カラー版 メッカ　野町和嘉
- カラー版 シベリア動物誌　福田俊司
- カラー版 ハッブル望遠鏡が見た宇宙　野本陽代・R・ウィリアムズ
- カラー版 妖怪画談　水木しげる

政治

岩波新書新赤版一〇〇〇点に際して

ひとつの時代が終わったと言われて久しい。だが、その先にいかなる時代を展望するのか、私たちはその輪郭すら描きえていない。二〇世紀から持ち越した課題の多くは、未だ解決の緒を見つけることのできないままであり、二一世紀が新たに招きよせた問題も少なくない。グローバル資本主義の浸透、憎悪の連鎖、暴力の応酬――世界は混沌として深い不安の只中にある。

現代社会においては変化が常態となり、速さと新しさに絶対的な価値が与えられた。消費社会の深化と情報技術の革命は、種々の境界を無くし、人々の生活やコミュニケーションの様式を根底から変容させてきた。ライフスタイルは多様化し、一面では個人の生き方をそれぞれが選びとる時代が始まっている。同時に、新たな格差が生まれ、様々な次元での亀裂や分断が深まっている。社会や歴史に対する意識が揺らぎ、普遍的な理念に対する根本的な懐疑や、現実を変えることへの無力感がひそかに根を張りつつある。そして生きることに誰もが困難を覚える時代が到来している。

しかし、日常生活のそれぞれの場で、自由と民主主義を獲得し実践することを通じて、私たち自身がそうした閉塞を乗り超え、希望の時代の幕開けを告げてゆくことは不可能ではあるまい。そのために、いま求められていること――それは、個と個の間で開かれた対話を積み重ねながら、人間らしく生きることの条件について一人ひとりが粘り強く思考することではないか。その営みの糧となるものが、教養に外ならないと私たちは考える。歴史とは何か、よく生きるとはいかなることか、世界そして人間はどこへ向かうべきなのか――こうした根源的な問いとの格闘が、文化と知の厚みを作り出し、個人と社会を支える基盤としての教養となった。まさにそのような教養への道案内こそ、岩波新書が創刊以来、追求してきたことである。

岩波新書は、日中戦争下の一九三八年一一月に赤版として創刊された。創刊の辞は、道義の精神に則らない日本の行動を憂慮し、批判的精神と良心的行動の欠如を戒めつつ、現代人の現代的教養を刊行の目的とする、と謳っている。以後、青版、黄版、新赤版と装いを改めながら、合計二五〇〇点余りを世に問うてきた。そして、いままた新赤版が一〇〇〇点を迎えたのを機に、人間の理性と良心への信頼を再確認し、それに裏打ちされた文化を培っていく決意を込めて、新しい装丁のもとに再出発したいと思う。一冊一冊から吹き出す新風が一人でも多くの読者の許に届くこと、そして希望ある時代への想像力を豊かにかき立てることを切に願う。

（二〇〇六年四月）

金澤周作

1972年生まれ
現在－京都大学大学院文学研究科教授
専攻－近代イギリス史
著書－『チャリティとイギリス近代』(京都大学学術出版会),『論点・西洋史学』(監修,ミネルヴァ書房),『海のイギリス史――闘争と共生の世界史』(編著,昭和堂),『英国福祉ボランタリズムの起源――資本・コミュニティ・国家』(共編著,ミネルヴァ書房),『人文学への接近法――西洋史を学ぶ』(同,京都大学学術出版会),『海のリテラシー――北大西洋海域の「海民」の世界史』(同,創元社),『イギリス史研究入門』(共著,山川出版社)ほか

チャリティの帝国
――もうひとつのイギリス近現代史　岩波新書(新赤版)1880

2021年5月20日　第1刷発行

著　者　金澤周作《かなざわしゅうさく》

発行者　岡本　厚

発行所　株式会社　岩波書店
〒101-8002 東京都千代田区一ツ橋 2-5-5
案内 03-5210-4000　営業部 03-5210-4111
https://www.iwanami.co.jp/

新書編集部 03-5210-4054
https://www.iwanami.co.jp/sin/

印刷・理想社　カバー・半七印刷　製本・中永製本

ISBN 978-4-00-431880-4　　Printed in Japan

索引

事項

た　行

な　行

は　行

わ行・アルファベット

人　名

あ　行

な　行

は　行

ま行・や行

ら　行

参考文献

参照した同時代史料(翻訳含む)は割愛した．人物については *Oxford Dictionary of National Biography* に多く拠った．イギリス史，ヨーロッパ史，および世界史の解説部分は，以下に挙げていない国内外の書物の恩恵を被っている．ほかにも落ちている重要文献はあるがご寛恕願いたい．

はじめに

池田浩士『ボランティアとファシズム――自発性と社会貢献の近現代史』(人文書院，2019 年)．

池田敬正『日本社会福祉史』(法律文化社，1986 年)．

金泰明『欲望としての他者救済』(NHK ブックス，2008 年)．

近藤和彦『イギリス史 10 講』(岩波新書，2013 年)．

仁平典宏『「ボランティア」の誕生と終焉――〈贈与のパラドックス〉の知識社会学』(名古屋大学出版会，2011 年)．

『寄付白書 2017』(日本ファンドレイジング協会，2017 年)．

「〔特集〕フィランスロピーに関する研究動向の整理と文献紹介(1)(2)」『大原社会問題研究所雑誌』 626(2010 年)・628(2011 年)．

The UK Civil Society Almanac 2018(NCVO, 2018)．＊オンライン

The 100 Most Valuable Charity Brands 2018(Savanta, 2019)．＊オンライン

Hugh Cunningham, *The Reputation of Philanthropy since 1750: Britain and Beyond*(Manchester University Press, 2020)．

Rhodri Davies, *Public Good by Private Means: How Philanthropy Shapes Britain*(Alliance Publishing Trust, 2016)．

Shusaku Kanazawa, 'Wohltätigkeit und westlicher Einfluss im Japan der Meiji-Zeit, 1868–1912', in R. Liedtke, K. Weber(Hrsg.), *Religion und Philanthropie in den europäischen Zivilgesellschaften: Entwicklungen im 19. und 20. Jahrhundert*(Ferdinand Schöningh, 2009)．

第 1 章

大月康弘『帝国と慈善――ビザンツ』(創文社，2005 年)．

参考文献

河原温『中世フランドルの都市と社会――慈善の社会史』(中央大学出版部, 2001 年).
河原温・池上俊一編『ヨーロッパ中近世の兄弟会』(東京大学出版会, 2014 年).
齊藤寛海・山辺規子・藤内哲也編『イタリア都市社会史入門――12 世紀から 16 世紀まで』(昭和堂, 2008 年).
高橋友子『捨児たちのルネッサンス――15 世紀イタリアの捨児養育院と都市・農村』(名古屋大学出版会, 2000 年).
田中利光『ユダヤ慈善研究』(教文館, 2014 年).
土井健司『司教と貧者――ニュッサのグレゴリオスの説教を読む』(新教出版社, 2007 年).
陶徳民・姜克實・見城悌治・桐原健真編『東アジアにおける公益思想の変容――近世から近代へ』(日本経済評論社, 2009 年).
長谷部史彦編『中世環地中海圏都市の救貧』(慶應義塾大学出版会, 2004 年).
増永理考「ローマ帝政前期小アジアにおける都市社会の研究―都市による文化資本運用をめぐって―」博士学位請求論文(京都大学, 2019 年).
宮川剛「近世ロンドンの教区における救貧」『史林』84-1(2001 年).
ポール・ヴェーヌ(鎌田博夫訳)『パンと競技場――ギリシア・ローマ時代の政治と都市の社会学的歴史』(法政大学出版局, 1998 年).
ブロニスワフ・ゲレメク(早坂真理訳)『憐れみと縛り首――ヨーロッパ史のなかの貧民』(平凡社, 1993 年).
ピーター・ブラウン(後藤篤子訳)『古代から中世へ』(山川出版社, 2006 年).
同(戸田聡訳)『貧者を愛する者――古代末期におけるキリスト教的慈善の誕生』(慶應義塾大学出版会, 2012 年).
ロバート・H・ブレムナー(西尾祐吾・栗栖照雄・得津愼子・牧田満知子訳)『社会福祉の歴史――文学を通してみた他者援助』(相川書房, 2003 年).
スティーヴン・M・ボードイン(伊藤茂訳)『貧困の救いかた――貧しさと救済をめぐる世界史』(青土社, 2009 年).
Ilana Krausman Ben-Amos, *The Culture of Giving: Informal Support and Gift-Exchange in Early Modern England* (Cambridge University Press, 2008).
Christopher Bonfield, Jonathan Reinarz and Teresa Huguet-Termes (eds.), *Hospitals and Communities, 1100–1960* (Peter Lang, 2013).
James William Brodman, *Charity & Religion in Medieval Europe* (The Catholic University of America Press, 2009).

Mark R. Cohen, 'Poverty and Charity in Past Times', *Journal of Interdisciplinary History*, 35–3(2005).
Hugh Cunningham, 'The Multi-Layered History of Western Philanthropy', in Tobias Jung, Susan D. Phillips and Jenny Harrow(eds.), *The Routledge Companion to Philanthropy*(Routledge, 2016).
A.R. Hands, *Charities and Social Aid in Greece and Rome*(Cornell Univ. Press, 1968).
John Henderson, Peregrine Horden and Alessandro Pastore(eds.), *The Impact of Hospitals, 300–2000*(Peter Lang, 2007).
Steve Hindle, '"Good, Godly and Charitable Uses": Endowed Charity and the Relief of Poverty in Rural England, c.1550–1750', in Anne Goldgar and Robert I. Frost(eds.), *Institutional Culture in Early Modern Society*(Brill, 2004).
Thomas A. Horne, *Property Rights and Poverty: Political Argument in Britain, 1605–1834*(The University of North Carolina Press, 1990).
Warren F. Ilchman, Stanley N. Katz and Edward L. Queen II(eds.), *Philanthropy in the World's Traditions*(Indiana University Press, 1998).
W.K. Jordan, *Philanthropy in England 1480–1660: A Study of the Changing Pattern of English Social Aspirations*(George Allen & Unwin Ltd, 1959).
Julia R. Lieberman and Michal Jan Rozbicki(eds.), *Charity in Jewish, Christian, and Islamic Traditions*(Lexington Books, 2017).
Marjorie Keniston McIntosh, *Poor Relief in England 1350–1600*(Cambridge University Press, 2012).
Michel Mollat(trans. A. Goldhammer), *The Poor in the Middle Ages: An Essay in Social History*(Yale University Press, 1986).
Natalia Muchnik, 'Charité et communauté diasporique dans l'Europe des XVIe–XVIIIe siècles', *Revue d'Histoire Moderne & Contemporaine*, 61–3(2014).
Angela Nicholls, *Almshouses in Early Modern England: Charitable Housing in the Mixed Economy of Welfare 1550–1725*(The Boydell Press, 2017).
Jeannine Olson, 'Continuity or Radical Change?: Care of the Poor, Medieval and Early Modern', in James Muldoon(ed.), *Bridging the Medieval-Modern Divide: Medieval Themes in the World of the Reformation*(Ashgate, 2013).
Jill Pellew, 'New Philanthropists of the Tudor Period', in David Cannadine and Jill Pellew(eds.), *History and Philanthropy: Past, Present and Future*(IHR, 2008).

参考文献

Brian Pullan, 'Catholics, Protestants, and the Poor in Early Modern Europe', *Journal of Interdisciplinary History*, 35–3 (2005).
Gervase Rosser, *The Art of Solidarity in the Middle Ages: Guilds in England 1250–1550* (Oxford University Press, 2015).
J. B. Schneewind (ed.), *Giving: Western Ideas of Philanthropy* (Indiana University Press, 1996).
Amy Singer, *Charity in Islamic Societies* (Cambridge University Press, 2008).
Paul Slack, *Poverty & Policy in Tudor & Stuart England* (Longman, 1988).
Do., *The English Poor Law 1531–1782* (Macmillan, 1990).
Marty Sulek, 'On the Classical Meaning of Philanthrôpía', *Nonprofit and Voluntary Sector Quarterly*, 39–3 (2010).

第 2 章

井野瀬久美惠編『イギリス文化史』(昭和堂，2010 年).
大沢真理『イギリス社会政策史――救貧法と福祉国家』(東京大学出版会，1986 年).
岡村東洋光・高田実・金澤周作編『英国福祉ボランタリズムの起源――資本・コミュニティ・国家』(ミネルヴァ書房，2012 年). ＊第 3 章以降についても
金澤周作『チャリティとイギリス近代』(京都大学学術出版会，2008 年). ＊第 3 章以降についても
長谷川貴彦『イギリス福祉国家の歴史的源流――近世・近代転換期の中間団体』(東京大学出版会，2014 年).
浮網佳苗「一九世紀中葉から二〇世紀初頭におけるイギリス協同組合運動の展開と言語」『史林』100–5(2017 年).
福士正博「イギリスにおける 19 世紀中葉救貧制度改革――教区自治の崩壊過程」『東京経大学会誌』196(1996 年).
柳田芳伸・田中育久男「英米における救貧法の略史」『長崎県立大学論集(経営学部・地域創造学部)』52–3・4(2019 年).
ポール・ジョンソン(真屋尚生訳)『節約と浪費――イギリスにおける自助と互助の生活史』(慶應義塾大学出版会，1997 年).
Simon Cordery, *British Friendly Societies, 1750–1914* (Palgrave Macmillan, 2003).
Hugh Cunningham and Joanna Innes (eds.), *Charity, Philanthropy and Reform:*

From the 1690s to 1850(Macmillan, 1998).
Martin Daunton(ed.), *Charity, Self-Interest and Welfare in the English Past*(UCL Press, 1996).
P. H. J. H. Gosden, *Self-Help: Voluntary Associations in the 19th Century*(B. T. Batsford Ltd, 1973).
Peter Gurney, '"The Curse of the Co-ops": Co-operation, the Mass Press and the Market in Interwar Britain', *English Historical Review*, 547(2015).
Penelope Ismay, 'Between Providence and Risk: Odd Fellows, Benevolence and the Social Limits of Actuarial Science, 1820s–1880s', *Past & Present*, 226 (2015).
M. G. Jones, *The Charity School Movement: A Study of Eighteenth Century Puritanism in Action*(Frank Cass and Co., 1964; first published by Cambridge University Press in 1938).
Paul Langford, *Englishness Identified: Manners and Character 1650–1850*(Oxford University Press, 2001).
David Owen, *English Philanthropy 1660–1960*(Harvard University Press, 1964).
＊第 3 章以降についても
Masayuki Tanimoto and R. Bin Wong(eds.), *Public Goods Provision in the Early Modern Economy*(University of California Press, 2019).
Koji Yamamoto, *Taming Capitalism before its Triumph: Public Service, Distrust, and 'Projecting' in Early Modern England*(Oxford University Press, 2018).

第 3 章

市瀬幸平『イギリス社会福祉運動史――ボランティア活動の源流』(川島書店, 2004 年).
大石和欣『家のイングランド――変貌する社会と建築物の詩学』(名古屋大学出版会, 2019 年).
金澤周作編『海のイギリス史――闘争と共生の世界史』(昭和堂, 2013 年).
金澤周作「学びを支える社会と力――近代イギリスの教育とチャリティ」南川高志編『知と学びのヨーロッパ史――人文学・人文主義の歴史的展開』(ミネルヴァ書房, 2007 年).
同「救済――19 世紀における物乞いの痛み」伊東剛史・後藤はる美編『痛みと感情のイギリス史』(東京外国語大学出版会, 2017 年).
同「もうひとつの奴隷貿易――近世地中海における虜囚と身代金」『西洋史

学』267号(2019年).
同「近世地中海の白人奴隷」『歴史評論』846号(2020年).
川北稔『民衆の大英帝国——近世イギリス社会とアメリカ移民』(岩波書店, 1990年).
河村貞枝『イギリス近代フェミニズム運動の歴史像』(明石書店, 2001年).
河村貞枝・今井けい編『イギリス近現代女性史研究入門』(青木書店, 2006年).
川本静子『ガヴァネス——ヴィクトリア時代の〈余った女〉たち』(みすず書房, 2007年).
宮腰英一『十九世紀英国の基金立文法学校——チャリティの伝統と変容』(創文社, 2000年).
山本卓『二〇世紀転換期イギリスの福祉再編——リスペクタビリティと貧困』(法政大学出版局, 2020年).
L・ダヴィドフ&C・ホール(山口みどり・梅垣千尋・長谷川貴彦訳)『家族の命運——イングランド中産階級の男と女 1780〜1850』(名古屋大学出版会, 2019年).
E・モバリー・ベル(平弘明・松本茂訳)『英国住宅物語——ナショナルトラストの創始者オクタヴィア・ヒル伝』(日本経済評論社, 2001年).
アリス・レントン(河村貞枝訳)『歴史のなかのガヴァネス——女性家庭教師とイギリスの個人教育』(高科書店, 1998年).
サラ・ワイズ(栗原泉訳)『塗りつぶされた町——ヴィクトリア期英国のスラムに生きる』(紀伊國屋書店, 2018年).
Donna T. Andrew, *Philanthropy and Police: London Charity in the Eighteenth Century* (Princeton University Press, 1989).
Asa Briggs and Anne Macartney, *Toynbee Hall: The First Hundred Years* (Routledge, 1984).
Susan Cohen, *The Salvation Army* (Shire Publications, 2013).
Geoffrey A. C. Ginn, *Culture, Philanthropy and the Poor in Late-Victorian London* (Routledge, 2017).
Catherine Hindson, *London's West End Actresses and the Origins of Celebrity Charity, 1880–1920* (University of Iowa Press, 2016).
R. Humphreys, *Sin, Organized Charity and the Poor Law in Victorian England* (St. Martin's Press, 1995).
Do., *Poor Relief and Charity, 1869–1945: the London Charity Organization Society*

(Palgrave, 2001).
Shusaku Kanazawa, '"To Vote or Not to Vote": Charity Voting and the Other Side of Subscriber Democracy in Victorian England', *English Historical Review*, 549 (2016).
Seth Koven, 'Dr. Barnardo's "Artistic Fictions": Photography, Sexuality, and the Ragged Child in Victorian London', *Radical History Review*, 69 (1997).
Martin Levy, *Doctor Barnardo: Champion of Victorian Children* (Amberley Publishing, 2013).
Jane Lewis, *The Voluntary Sector, the State and Social Work in Britain: The Charity Organisation Society / Family Welfare Association since 1869* (Edward Elgar, 1995).
Frank Prochaska, 'Charity Bazaars in Nineteenth-Century England', *Journal of British Studies*, 16–2 (1977).
Do., *Women and Philanthropy in 19th Century England* (Oxford University Press, 1980).
Do., *The Voluntary Impulse: Philanthropy in Modern Britain* (Faber and Faber, 1988).
Sarah Roddy, Julie-Marie Strange and Bertrand Taithe, *The Charity Market and Humanitarianism in Britain, 1870–1912* (Bloomsbury, 2018).
G. Stedman Jones, *Outcast London: A Study in the Relationship between Classes in Victorian Society* (Oxford University Press, 1971).
Pamela J. Walker, *Pulling the Devil's Kingdom Down: The Salvation Army in Victorian Britain* (Univ. of California Press, 2001).

第 4 章

五十嵐元道『支配する人道主義——植民地統治から平和構築まで』(岩波書店, 2016 年).
井野瀬久美恵『〔興亡の世界史 16〕大英帝国という経験』(講談社, 2007 年).
上野友也『戦争と人道支援——戦争の被災をめぐる人道の政治』(東北大学出版会, 2012 年).
大澤広晃「長い 19 世紀におけるイギリス帝国と「人道主義」——研究の動向と展望」『アカデミア人文・自然科学編(南山大学)』9(2015 年).
金澤周作「セーブ・ザ・チルドレンの誕生」藤原辰史編『第一次世界大戦を考える』(共和国, 2016 年).

同「チャリティと大飢饉」勝田俊輔・高神信一編『アイルランド大飢饉——ジャガイモ・「ジェノサイド」・ジョンブル』(刀水書房，2016 年).
川北稔・指昭博編『周縁からのまなざし——もうひとつのイギリス近代』(山川出版社，2000 年). ＊次の 4 編がとくに本章とかかわりが深い
松浦京子「イースト・エンドと東欧ユダヤ移民——世紀転換期イギリス社会の移民規制論」
森本真美「聖書と鋤——児童支援協会のケープ非行少年移民」
河村貞枝「移住するガヴァネス——中流階級女性と移民」
井野瀬久美恵「ある植民地人の夢——K・フェアブリッジの子ども移民計画」
竹内幸雄『自由主義とイギリス帝国——スミスの時代からイラク戦争まで』(ミネルヴァ書房，2011 年).
西川杉子『ヴァルド派の谷へ——近代ヨーロッパを生きぬいた異端者たち』(山川出版社，2003 年).
布留川正博『奴隷船の世界史』(岩波新書，2019 年).
デイヴィッド・アーミテイジ(平田雅博・岩井淳・大西晴樹・井藤早織訳)『帝国の誕生——ブリテン帝国のイデオロギー的起源』(日本経済評論社，2005 年).
ウィリアム・イースタリー(小浜裕久・織井啓介・冨田陽子訳)『傲慢な援助』(東洋経済新報社，2009 年).
ヒュー・カニンガム(北本正章訳)『概説　子ども観の社会史——ヨーロッパとアメリカにみる教育・福祉・国家』(新曜社，2013 年).
A・V・バナジー＆E・デュフロ(山形浩生訳)『貧乏人の経済学——もういちど貧困問題を根っこから考える』(みすず書房，2012 年).
リン・ハント(長谷川貴彦訳)『グローバル時代の歴史学』(岩波書店，2016 年).
ジャン・ブリクモン(菊地昌実訳)『人道的帝国主義——民主国家アメリカの偽善と反戦平和運動の実像』(新評論，2011 年).
マーク・マゾワー(依田卓巳訳)『国際協調の先駆者たち——理想と現実の 200 年』(NTT 出版，2015 年).
Michael Barnett, *Empire of Humanity: A History of Humanitarianism* (Cornell University Press, 2011).
Hilary M. Carey, *God's Empire: Religion and Colonialism in the British World, c.1801–1908* (Cambridge University Press, 2011).

Lewis Darwen, Donald Macraild, Brian Gurrin and Liam Kennedy, '"Unhappy and Wretched Creatures": Charity, Poor Relief and Pauper Removal in Britain and Ireland during the Great Famine', *English Historical Review*, 568 (2019).

Norman Etherington (ed.), *Missions and Empire* (Oxford University Press, 2005).

Tanya Evans, 'Working towards the "Welfare of the World": British Imperial Networks of Philanthropy in the Nineteenth Century', *History Australia*, 13–1 (2016).

Heide Fehrenbach and Davide Rodogno (eds.), *Humanitarian Photography: A History* (Cambridge University Press, 2015).

Abigail Green, 'Humanitarianism in Nineteenth-Century Context: Religious, Gendered, National', *Historical Journal*, 57–4 (2014).

J. P. Halstead, *The Second British Empire: Trade, Philanthropy, and Good Government, 1820–1890* (Greenwood Press, 1983).

James Heartfield, *The Aborigines' Protection Society: Humanitarian Imperialism in Australia, New Zealand, Fiji, Canada, South Africa, and the Congo, 1836–1909* (Columbia University Press, 2011).

Christine Kinealy, *Charity and the Great Hunger in Ireland: The Kindness of Strangers* (Bloomsbury, 2013).

Linda Mahood, *Feminism and Voluntary Action: Eglantyne Jebb and Save the Children, 1876–1928* (Palgrave Macmillan, 2009).

Aubrey Newman, 'The Poor Jews' Temporary Shelter: An Episode in Migration Studies', *Jewish Historical Studies*, 40 (2005).

Anne O'Brien, *Philanthropy and Settler Colonialism* (Palgrave Macmillan, 2015).

Andrew Porter, *Religion versus Empire?: British Protestant Missionaries and Overseas Expansion, 1700–1914* (Manchester University Press, 2004).

Jack Reynolds, *The Great Paternalist: Titus Salt & the Growth of Nineteenth-Century Bradford* (The University of Bradford, 1983).

F. D. Roberts, *The Social Conscience of the Early Victorians* (Stanford University Press, 2002).

Marie Ruiz, *British Female Emigration Societies and the New World, 1860–1914* (Palgrave Macmillan, 2017).

Sanjay Sharma, *Famine, Philanthropy and the Colonial State: North India in the Early Nineteenth Century* (Oxford University Press, 2001).

参考文献

Brendan Simms and D. J. B. Trim (eds.), *Humanitarian Intervention: A History* (Cambridge University Press, 2011).
Peter Stamatov, *The Origins of Global Humanitarianism: Religion, Empires, and Advocacy* (Cambridge University Press, 2013).
Brian Stanley, *The Bible and the Flag: Protestant Missions and British Imperialism in the Nineteenth and Twentieth Centuries* (Apollos, 1990).
Rachel Sturman, 'Indian Indentured Labor and the History of International Rights Regimes', *American Historical Review*, 119–5 (2014).
Susan Thorne, *Congregational Missions and the Making of an Imperial Culture in 19th Century England* (Stanford University Press, 1999).
'Editors' Forum: Empires of Charity', *New Global Studies*, 12–2 (2018).

第 5 章
金澤周作「第一次世界大戦期のイギリスにおける「戦争チャリティ」――詐欺問題から見る銃後の協力」『歴史学研究』887 号(2011 年).
同「善意の動員――イギリスにおける戦争チャリティ」山室信一・岡田暁生・小関隆・藤原辰史編『現代の起点　第一次世界大戦　2　総力戦』(岩波書店，2014 年).
高田実・中野智世編『近代ヨーロッパの探究⑮　福祉』(ミネルヴァ書房，2012 年).
毛利健三『イギリス福祉国家の研究――社会保障発達の諸画期』(東京大学出版会，1990 年).
D・エジャトン(坂出健監訳)『戦争国家イギリス――反衰退・非福祉の現代史』(名古屋大学出版会，2017 年).
G・エスピン＝アンデルセン(岡沢憲芙・宮本太郎監訳)『福祉資本主義の三つの世界――比較福祉国家の理論と動態』(ミネルヴァ書房，2001 年).
パット・セイン(深澤和子・深澤敦監訳)『イギリス福祉国家の社会史――経済・社会・政治・文化的背景』(ミネルヴァ書房，2000 年).
アマルティア・セン(池本幸生・野上裕生・佐藤仁訳)『不平等の再検討――潜在能力と自由』(岩波書店，1999 年).
Maggie Black, *A Cause for our Times: Oxfam—The First 50 Years* (Oxfam, 1992).
Ian Cameron, *Riders of the Storm: The Story of the Royal National Lifeboat Institution* (Weidenfeld & Nicolson, 2002).
John Cooper, *The British Welfare Revolution, 1906–14* (Bloomsbury, 2017).

Nick Crowson, Matthew Hilton and James McKay (eds.), *NGOs in Contemporary Britain: Non-State Actors in Society and Politics since 1945* (Palgrave Macmillan, 2009).
Thomas Davies, *NGOs: A New History of Transnational Civil Society* (Hurst & Company, 2013).
Derek Fraser, *The Evolution of the British Welfare State* [Fifth Edition] (Palgrave, 2017).
Rebecca Gill, *Calculating Compassion: Humanity and Relief in War, Britain 1870–1914* (Manchester University Press, 2013).
Peter Grant, *Philanthropy and Voluntary Action in the First World War: Mobilizing Charity* (Routledge, 2014).
Bernard Harris, *The Origins of the British Welfare State: Social Welfare in England and Wales, 1800–1945* (Palgrave Macmillan, 2004).
Matthew Hilton, Nick Crowson, Jean-François Mouhot and James McKay, *A Historical Guide to NGOs in Britain: Charities, Civil Society and the Voluntary Sector since 1945* (Palgrave Macmillan, 2012).
Matthew Hilton, 'Charity and the End of Empire: British Non-Governmental Organizations, Africa, and International Development in the 1960s', *American Historical Review*, 123–2 (2018).
John F. Hutchinson, *Champions of Charity: War and the Rise of the Red Cross* (Westview Press, 1996).
Andrew Jones, 'Band Aid Revisited: Humanitarianism, Consumption and Philanthropy in the 1980s', *Contemporary British History*, 31–2 (2017).
Hannah Lambie-Mumford, *Hungry Britain: The Rise of Food Charity* (Policy Press, 2017).
Tanja R. Müller, 'The Long Shadow of Band Aid Humanitarianism: Revisiting the Dynamics between Famine and Celebrity', *Third World Quarterly*, 34–3 (2013).
Frank Prochaska, *Philanthropy and the Hospitals of London: The King's Fund, 1897–1990* (Oxford University Press, 1992).
Do., *Christianity & Social Service in Modern Britain: The Disinherited Spirit* (Oxford University Press, 2006).
Do., 'The War and Charity', in Melanie Oppenheimer and Nicholas Deakin (Eds.), *Beveridge and Voluntary Action in Britain and the Wider British World* (Manchester University Press, 2011).

参考文献

Alan Ware (ed.), *Charities and Government* (Manchester University Press, 1989).

おわりに(あとがき含む)

公益法人協会編『英国チャリティ――その変容と日本への示唆』(弘文堂, 2015年).

近藤和彦「チャリティとは慈善か――公益団体のイギリス史」『年報都市史研究』15(2007年).

湯浅誠『反貧困――「すべり台社会」からの脱出』(岩波新書, 2008年).

Norman Alvey, *From Chantry to Oxfam: A Short History of Charity and Charity Legislation* (Phillimore, 1995).

Matthew Bishop & Michael Green, *Philanthrocapitalism: How the Rich Can Save the World and Why We Should Let Them* (A & C Black, 2008).

Raphael Samuel, *East End Underworld: Chapters in the Life of Arthur Harding* (Routledge & Kegan Paul, 1981).

図表出典一覧

巻頭地図：John Cannon and Robert Crowcroft (eds.), *The Oxford Companion to British History* (2nd edition, Oxford University Press, 2015), pp. 990, 992をもとに，加筆・修正して作成.

巻頭表：Currency Converter: 1270–2017 (https://www.nationalarchives.gov.uk/currency-converter/)で得た数値を用いて作成.

図1, 図2, 図4, 図6, 図24, 図29：著者撮影.

図3：Carl Gustaf Stridbeck, *Bruegelstudien: Untersuchungen zu den ikonologischen Problemen bei Pieter Bruegel d. Ä. Sowie dessen Beziehungen zum niederländischen Romanismus* (Davaco Publishers, 1977), S.XXII.

図5：Sydney R. Elliott, *The English Coöperatives* (Yale University Press, 1937), p. 24.

図7：C. J. Montague, *Sixty Years in Waifdom or, The Ragged School Movement in English History* (The Woburn Press, 1969; first published in 1904), p. 75.

図8：W. H. Pyne, *Rustic Vignettes for Artists and Craftsmen: All 641 Early Nineteenth-Century Illustrations from Ackermann's Edition of the "Microcosm"* (Dover Publications, 1977), Plate 38.

図9：Sheila O'Connell, *London 1753* (The British Museum Press, 2003), p. 157.

図10：Kathryn Hughes, *The Victorian Governess* (Hambledon and London, 2001), between pages 48 and 49.

図11：Richard and Bridget Larn, *Henry Trengrouse: The Cornish Inventor of the Rocket Life-Saving Apparatus* (Truran, 2006), p. 20.

図12：Ian Cameron, *Riders of the Storm: The Story of the Royal National Lifeboat Institution* (Weidenfeld & Nicolson, 2002), p. 8.

図13：Gustave Doré and Blanchard Jerrold, *London: A Pilgrimage* (Dover Publications, 1970), between pages 124 and 125.

図14：Booth's Descriptive Map of London Poverty 1889–East (Old House Books).

図15：Asa Briggs and Anne Macartney, *Toynbee Hall: The First Hundred Years* (Routledge, 1984), pp. 14, 39.

図16：著者所蔵(複製).

図表出典一覧

図 17：Susan Cohen, *The Salvation Army* (Shire Publications, 2013), p. 8.

図 18：Cameron (2002), p. 93.

図 19：Martin Hewitt (ed.), *The Victorian World* (Routledge, 2012), p. 353.

図 20：*Punch*, 4th March 1865.

図 21：P. J. Marshall (ed.), *The Cambridge Illustrated History of the British Empire* (Cambridge University Press, 1996), p. 247.

図 22：General Booth, *In Darkest England and the Way Out* (London, 1890).

図 23：Getty Images.

図 25：Wikimedia Commons

図 26：Gary Firth, *Salt & Saltaire* (Tempus, 2001), p. 44.

図 27：Noel Kissane, *The Irish Famine: A Documentary History* (National Library of Ireland, 1995), p. 81.

図 28（右）：Our History (https://www.savethechildren.org.uk/about-us/our-history).

図 28（左）：*Annuaire* (UISE, 1923) の表紙より著者撮影.

図 30：Heide Fehrenbach and Davide Rodogno (eds.), *Humanitarian Photography: A History* (Cambridge University Press, 2015), p. 180.

図 31：Briggs and Macartney (1984), p. 114.